모두를 위한 직관과 창의성

모두를 위한 직관과 창의성

정책의 성공과 개인 행복의 열쇠, 직관과 창의성 어떻게 향상시킬 것인가?

권기헌 지음

성균관대학교
출판부

차례

PART 4

다시 삶 속으로

PART 5

활기차고 행복한 마음

들어가며

정책학과 인간의 존엄성

정책학은 1951년 해럴드 라스웰H. Lasswell이라는 학자가 '인간의 존 엄성'이라는 가치를 실현시키기 위해서 주창된 학문이다. 말하자면 정책학의 핵심 키워드는 인간의 존엄이라고 할 수 있다. 그렇다면 '인간'이 무엇일까? '존엄'이 무엇일까? 인간의 '행복'이란 무엇일까?

정책학을 공부하다 보면 법률과 제도가 중요하게 다루어질 뿐, 인간에 대한 깊이 있는 이해가 결여된 채 새로운 정책들이 시 행되는 경우가 많다. 인간의 내면이나 자아는 다른 것을 원하고 있는데 물질이나 보상으로 접근한다든지 정책 대상 집단들과 충 분한 소통이나 공감 없이 기계적으로 접근하는 경우가 그런 경우 들이다. 말하자면 물질이나 경제적 효율성만으로 충분히 해소될 수 없는 인간 내면의 복잡한 욕구들이 많다.

그동안 『정책학의 향연』, 『정책학의 지혜』, 『정책학의 성찰』 등을 집필하면서 인문학적 탐구를 계속해 왔다. 이러한 탐구에 이어서 이 책은 좀 더 인간의 실존과 내면에 천착하고자 했다. 그리하여 마음과 의식의 근원을 탐구하고, 그것이 인간의 행복과 어떠한 연결성을 지니는지 알아보고자 했다.

이 책은 이러한 문제의식을 배경으로 '직관'과 '창의성'이라는 주제를 다루고자 하였다. 이러한 주제를 좀 더 탐구하는 과정에서 인간 의식의 발달 단계는 대략 세 단계를 거치는 것으로 파악되었다. 물질, 경쟁, 성공에 집착하는 첫 단계, 이러한 것에서 해방되어 좀 더 무의식과 감성을 계발하는 다음 단계, 더 나아가 순수의식 속에서 진정한 직관과 창의성을 발휘하는 마지막 단계가 그것이다. 이 책은 이러한 인식의 틀을 토대로 집필되었다.

요즘 코로나19 바이러스가 우리의 일상을 덮치면서 많은 사람들이 힘들어하고 있다. 일상 생활의 작은 행동들이 제약을 받으면서 안 그래도 힘들고 불안한 생활이 더욱 어려워지고 있다. 말하자면 실존적 불안감이 더욱 엄습하고 있는 것이다.

따라서 우리는 "나는 누구인가? 진정한 나의 모습은 누구인가?" 같은 실존적 질문들에 답하면서 우리 내면의 근원을 찾을 필요가 있다. 그리하여 일상의 부침 속에서도 쉽게 깨지지 않을 근원적인 행복과 평안을 구할 필요가 있다. 이러한 문제의식이 직접적인 집필 동기가 되었다.

이러한 문제들을 탐구하는 과정에서 동서양의 많은 고전들을 접하게 되었는데, 그들이 전하고자 하는 핵심 메시지는 의외로 간단했다. 그것은 한마디로 고요함과 지혜였다. 세 단어로 풀어 쓰면 고요함, 텅 빔, 알아차림이다. 우리 마음의 고요함을 찾고, 그 텅 빈 고요함 속에서 밝은 알아차림을 길러가는 것, 그것이 정답이었다. 불교도, 유학도, 서양 철학도 모두 그 방향을 지목하고 있었다. 이러한 키워드는 요즘처럼 어려운 시대 젊은이들에게 마음의 평안을 주고 더 나아가 직관과 창의성을 계발하는 핵심 솔루션이라고 할 수 있다.

이런 맥락에서 본서는 고요함, 텅 빔, 밝은 알아차림이라는 세 가지 키워드를 중심으로 구성되었다.

밝은 알아차림

이 책의 주제는 밝은 알아차림이다. 밝은 알아차림은 고요함과 텅 빔을 통해 들어간다. 그리고 그것은 직관과 창의성을 가져다준다.

고요함은 영어로 스틸니스stillness이다. 고요함을 얻고 나면 지혜와 기쁨이 넘친다. 이에 동서양의 모든 철학자들도 고요함을 얻기 위해 애썼고, 그 방편을 제시했다. 스토아 철학, 불교, 유교에서부터 기독교에 이르기까지 고대의 모든 철학과 종교는 고요함이 지구상에서 가장 강력한 힘이라고 말했다.

그렇다면, 우리는 우리 안에 숨겨진 고요함을 어떻게 찾을 수 있을까?

영혼의 고요에 들어가려면 먼저 침묵해야 한다. 우리는 생각, 걱정, 수다들로 들떠 있다. 이들을 고요하게 가라앉혀야 한다. 방 안에 조용히 홀로 앉아서 생각이 어디로 흐르든 내버려두어라. 고요하게 가만히 있어보라. 생각과 잡념의 대상은 바뀌겠지만 결국 고요해진다.

가장 빠른 길은 일념과 집중이다. 가령, 쉽게 풀리지 않는 의문을 가슴 깊은 곳에 담아 두고 늘 스스로에게 질문을 던지는 것이다. 기쁠 때나 슬플 때나, 혹은 기분이 언짢을 때라도 언제나 비판적 성찰을 하는 것이다. 그리고 감정과 기분이 붙을 수 없는 그 텅 빈 자리, 그리고 알아차림의 자리로 들어가는 것이다.

인간이 고요함에 이르지 못하는 것은 실존적 불안에서 기인한다. 그리고 그 실존적 불안은 몸을 자기와 동일시하기에 발생한다. 이 작은 육신은 나의 본질이 아니다.[1] 나의 본질은 나의 몸이나 생각, 감정, 느낌을 넘어선 그 텅 빈 자리에 있다. 그 이름 붙일 수 없는 자리, 텅 비고 고요한 그리고 밝은 알아차림의 자리를 자각할 때 인간은 마침내 평화에 이른다. 전체에 대한 자각, 본성에 대한 자각, 존재에 대한 자각으로 깨어날 때 우리는 고요함에 들수 있고, 그 고요함의 자리에서 영혼의 고요를 느끼는 것이다. 그럴 때 우리의 직관과 창의성은 최고조로 활성화된다. 더 나아가

모두를 위한 직관과 창의성

자유로운 존재성을 회복하여 지금 이대로 완전하고 아름다운 삶의 진실을 발견할 수 있는 것이다.

심층마음

얼음은 차갑다는 특성이 있듯이 마음도 특성이 있다. 마음의 특성은 비추는 것이다. 무슨 대상이든 마음 앞에 오면 알아차릴 수 있다. 얼음이 오면 차갑다는 걸 알고, 불이 오면 뜨겁다는 걸 안다. 대상을 비출 뿐만 아니라 마음은 자기 자신을 돌이켜 비추기도 한다. 우리는 이것을 보고 '마음이 마음을 안다'라고 말한다.

마음에는 세상에 모습을 드러낸 표층의식도 있지만, 세상을 만들어낸 심층마음도 있다. 표층의식에서는 온갖 만물들이 차별상을 나타내고 있으며, 나와 세상이 구분되어 있다. 하지만 심층마음에서는 이러한 차별상이 나타나기 이전의 근원적 모습으로서 모두가 연결되어 있다. 하나의 마음이며 전체를 잉태한 마음인 것이다. 바다에도 깊은 심해가 있고 표면적 파도가 있듯이 마음도 심층마음이 있고 표층의식이 있다. 하지만 바다가 하나의 물이듯이 마음도 하나의 마음이다.

심층마음을 한 단어로 표현하면 '밝은 알아차림'이다. 마음의 근원은 늘 그 자체로 깨어 있는데 자기 자각성을 가지고 있는 것이다. 본래부터 늘 그 자체로 깨어 있는 본각本覺이며, 자기가 자기를 아는 자기지自己知인 것이다.

얼음이 차갑다는 특성 이외에도 다양한 특성이 있듯이 마음
도 다양한 특성이 있다. 그중에 가장 중요한 첫째 특성은 가장 심
층의 근원에서 마음은 밝은 알아차림으로 깨어 있다는 것이다. 둘
째, 마음의 심층적 특성은 전체가 하나로 연결되어 있다는 것이
다. 셋째 특성은 심층마음은 그 자체가 오염되거나 때묻지 않는
청정한 순수의식이라는 것이다. 이를 진여 혹은 불성이라고 하는
데, 이 마음은 고요하고 텅 비어 평화로우며 밝게 알아차리는 공
적영지空寂靈知의 마음이다.

심층마음의 마지막 특성은 사랑이다. 우리 마음의 심층 근원
에 존재하는 진여眞如의 특성은 사랑이고 지혜이다.[2] 늘 즐겁고 평
화로우며 진정한 자아라고 할 만하며 청정하다.

본서는 마음의 심층부에 대한 인문학적 탐구이며, 마음의 본
래 자각성에 대한 심층적 고찰이다. 심층마음에 대한 불교학적 해
석이며, 그 핵심적 특성인 고요함, 텅 빔, 밝은 알아차림(공적영지의
마음)에 대한 실천적 탐구이다. 그리고 그 결과는 순수한 직관과
창의성, 통찰력으로 나타난다.

침묵의 소리

침묵의 소리는 하나의 언어적 수사이다. 그것은 '한 손으로 치는
손뼉 소리' 혹은 '운명의 바람소리'처럼 하나의 메타포이다.

침묵의 소리는 영혼의 고요로부터 온다. 그것은 고요함을 넘

어 우주적 적요寂寥로부터 온다. 텅 비어 지극히 고요한 자리에서 순수의식을 찾으며, 어둠이 내리는 적막에서 침묵沈默의 소리를 듣는다. 영혼의 고요 속에서 텅 빈 충만을 느낄 때, 직관과 창의성은 최고로 활발해진다. 그리고 운명의 바람소리를 듣는다.

책의 구성: 고요함, 텅 빔, 밝은 알아차림

고요함에서 지혜가 나온다. 그대가 의식을 외부 대상에 두고 온종일 끌려 다닌다면 헛된 망념 속에서 번뇌만 늘어날 것이다. 하지만 의식의 중심을 내면에 두고 순수의식에 머문다면 직관과 통찰력은 날로 늘어날 것이다. 그대의 의식은 더 없이 맑고 투명하게 깨어날 것이며, 절대적 고요孤寥 속에서 침묵沈默의 소리를 듣게 될 것이다.

고요함은 외부 대상에 대한 시선이 쉬어진 것이다. 그것은 텅 빔으로 이어진다. 그리고 그 고요함과 텅 빔 속에 밝은 알아차림이 존재한다.

이것은 불교 선사들의 깨침에서 전해진 핵심 메시지이다. 우리의 마음은 두 가지 구조로 이루어져 있는데, 하나는 우리가 일상적으로 마음이라고 하는 대상에 대한 표층의식이다. 다른 하나는 더 깊은 곳에 존재하는데 이는 전체가 깨어 있으면서 밝은 알아차림이 존재하는 심층마음이다.[3] 이것은 하나로 이어진 큰마음이라고 하여 일심, 진여심, 청정심, 공적영지의 마음, 순수의식, 참나의식이라고 부른다. 참으로 고요한 가운데 밝은 알아차림이 존재하는 공적영지의 마음이며, 고요하고 고요한 가운데 밝게 깨어 있는 성성적적惺惺寂寂의 마음이다.

원효대사는 이를 일심이문一心二門이라고 표현했다. 우리 마음은 일심이나, 구분하자면 두 가지 문門이 있다는 것이다. 그것은 진여문과 생멸문이다. 진여문은 심층마음, 생멸문은 표층의식이다.

말하자면 우리 마음의 심층부에 심층마음이 있고, 그것의 작용으로 표층의식이 나타난다. 심층마음은 시간, 공간, 정보가 무한을 함유하고 있어 그 작용과 과정이 우리 눈에 보이지 않으며 단지 지혜와 정견으로 알 수 있을 뿐이다.

표층의식은 우리 눈에 보이는 표층 차원에서의 몸과 마음 작용이다. 개별적 몸과 마음을 나라고 여기며 자아로 인식하여 나와 타자로 분별한다. 나 이외의 다른 것들을 구분하고 자기 기준으로 생각하고 분별하는 경향이 있다. 그리하여 자기에게 유리한 것만 취하고 불리한 것은 밀어내는 마음이 발생한다. 그리하여 이러한 표층의식에서 일어나는 전도된 마음을 분별심, 중생심, 생멸심, 취사간택심이라고 부른다. 따라서 이러한 망견으로는 깊은 직관이나 창의성이 발현되지 않는다.

표층의식에서 심층마음으로 깊이 들어가려면 지식, 개념, 수행이 필요하다. 고요하고 텅 빈 그러면서도 늘 밝게 알아차리는 공적영지의 마음은 심층마음에 존재하기에 공적영지의 마음을 찾고 간직하는 게 소중하다. 이 책은 이러한 본래의 마음자리를 안내하고 있다. 공적영지의 마음에 대한 지식, 개념을 안내하면서 틈나는 대로 이 깊은 공적영지, 순수의식의 자리를 돌이켜 확인시키는 수행의 방식으로 구성되어 있다.

한마디로 말해, 우리는 밝은 알아차림의 자리를 찾아야 한다. 그곳은 심층마음 자리, 공적영지와 순수의식의 자리이다. 우리가 그곳을 찾을 때 우리의 순수한 직관과 창의성은 크게 향상될 것이다. 더 나아가 삶에 대한 지혜와 통찰은 깊어질 것이다.

PART 1

고요함

내가 숲으로 간 이유는 삶을 천천히 신중하게 꾸리면서 삶의 본질적인 측면

들만 마주하며 삶이 내게 가르치는 것들을 배우고 싶어서였다.

— 헨리 데이비드 소로, 『월든』

Chapter 1

의식의 탐구

우리의 의식은 행복과 불행, 만족 혹은 공허를 담는 곳이며
궁극적으로는 고귀함의 정도를 결정하는 곳이다.
— 라이언 홀리데이, 『스틸니스』

의식 탐구의 역사

의식의 사전적 정의는 "깨어 있는 상태에서 자기 자신이나 사물에
대해 인식하는 작용"이다. 안으로 자기 자신에 대해 하는 인식을
'성찰'이라고 하고, 밖으로 사물에 대해 하는 인식을 '관찰'이라고
한다. 내가 '나'를 탐구하거나 '대상'을 탐구하는 것, 둘뿐이다.

19세기 초반 의식의 개념은 다양하게 전개되었다. 어떤 철학
자들은 의식을 일종의 '정신적 성질'로서 물리 세계의 물질적 실
체와는 전혀 다른 것으로 생각했다. 가령, 데카르트는 의식과 물
질을 서로 다른 이분법으로 보았는데, 인간의 두뇌를 초침, 분침,
시침이 정교하게 맞물려 돌아가는 아주 정밀한 기계로 보고, 이러
한 기계물질의 작용으로 생각과 의식이 탄생한다고 보았다.

최근 양자물리학의 연구 결과는 이와는 전혀 다르다.

양자물리학은 우리 두뇌가 하드 드라이브처럼 작동하는 게 아니라, 초고속 인터넷처럼 순수의식의 장零點場과 접속되는 것이라고 말한다. 하드 드라이브라면 생각을 만들어내는 물질적 주체일 텐데, 그게 아니라 비물질 에너지인 순수의식의 장場과 접속시켜 주는 매개체라는 것이다. 한마디로, 심층마음은 전체이자 존재이며, 인간은 이러한 심층마음에 접속해 살고 있다.[4] 다만 그 작용과 범위가 심층적이고 심오하고 방대하여 우리의 사량 분별로 잘 감지되지 않았을 뿐이다. 즉, 순수의식은 우주만물을 만들어내는 그 근원으로서의 창조적 지혜였던 것이다.

우리 몸에 남아 있던 감정적 '반응 에너지'를 완전히 해소할 때, 그리고 "침묵의 근원인 고요한 상태를 경험할 때"[5] 우리는 우리의 그 경험 에너지가 나오는 순수의식의 근원에 접속할 수 있다. 화두 일념 혹은 집중이나 몰입을 통해 우리는 심층마음에 접속할 수 있고, 그 침묵과 고요함 속에서 정견과 지혜를 얻는다.

의식에 던져진 것들

"의식에 던져진 것들"이란 철학적 수사이다. 의식이 중심이고 의식 안에 안 들어오는 것이 없다는 뜻이다.[6] 물고기에게 물이 전부이듯이, 개체인 인간에게도 심층마음이 그렇다.

내가 살아가는 세상은 나의 심층마음이 펼친 나와 너, 그리고 사물들에 대한 이야기다. 내 세상에서 펼쳐지는 이야기의 재료와 범주는 모두가 나의 '심층마음'의 작용 결과로 펼쳐진 것들이다.

나의 마음 안에는 온갖 것들이 다 접수된다.

맑은 시냇물 소리, 재잘거리는 새소리, 어린 아이의 웃음소리, 높고 푸른 창공, 멀리 떠가는 조각구름, 꽃과 나무, 울창한 숲, 은은히 울려 퍼지는 풍경 소리……. 이 모두가 생생한 나의 존재 (심층마음) 위에 투영된 대상들이다.

순수의식, 존재, 혹은 이름 붙일 수 없는 '이것'[7]은 늘 그대로 있다. '내'가 존재한다고 할 때 '자기'는 10년 전이나 지금이나 늘 그대로다. 크기나 모양도 없다. 그냥 생생한 존재감으로 여기 있다.

그렇다면 '이것'은 무엇인가?

'이것'은 우주 법계의 바탕이 되는 존재의 근원으로서의 심층마음이다. 불교에서 말하는 아뢰야식의 바탕으로서의 심층의식이다. 이러한 전체의식과 근원의 발로로 세상은 돌아가고 있다. 세상의 정보들이 지금 이 순간도 생성되고 발현되며, 그 정보들이 종자로서 업력을 지닌 채 그 업력과 에너지의 발로로 온갖 인연과 결과들을 빚어내고 있다. 다시 그 종자들은 다음번 종자들로써

의 발현을 기약하면서 아뢰야식에 저장된다.

그렇다면 나는 지금 여기에서 그 심층마음을 어떻게 인식할 수 있는가?

고요히 하라. 텅 빈 마음속에서 밝은 알아차림을 감지하라. 대상으로써 느끼는 마음 작용이 아니라 그 마음 작용 그 자체가 공적영지의 마음이다. 그리고 그것이 그대의 심층마음이다.

내가 인식하는 바깥의 사물이나 대상 혹은 내 몸까지도 의식의 대상이 된다. 하지만 마음 그 자체는 대상이 아니어서 의식 대상이 되지 않는다. 현대 심리철학자들은 '세계를 보되 그 자체는 다른 무엇에 의해서도 대상화될 수 없는 마음'은 실재하는 듯 느껴지지만, 사실은 실재하지 않는 것으로 치부하고 만다.[8] 거기에 큰 오류가 존재한다. 칸트조차도 마음의 초월적 작용은 인정하면서도 인간의 경험적 이성은 한계가 있어 마음의 초월적 작용 그 자체를 인식할 수 없다고 논했다.[9]

하지만 동양 철학자들은 마음이 이미 마음 자체를 알고 있음을 논한다.[10] 영가 현각은 이를 자기지自己知라고 표현하고, 원효는 이를 성자신해性自神解라고 했으며, 지눌은 이를 공적영지라고 말했다. 우리의 심층 속에 영묘하고도 신령스러운 마음은 심히 깊이 미세한 마음의 활동을, 그 전체를 이미 다 알고 있다. 이를 열반묘심涅槃妙心이라고도 할 수 있겠다. 거울이 비추는 성질이 있듯이 우리의 깊은 마음은 자신을 이미 비추고 능히 알고 있다.

마음 자체가 자기 자신을 알고 있음을 불교는 '마음性이 스스로
를 신령하게 안다'는 의미에서 '성자신해性自神解'라고 하고, '고
요하고 텅 빈 가운데 밝은 알아차림'이란 의미에서 공적영지'라
고 한다.[11]

진동주파수와 순수의식

세상에 존재하는 모든 것은 모두 입자로 이루어져 있다. 입자는
진동하는데 각각 그 고유한 주파수를 지니고 있다. 인간의 생각,
감정, 느낌도 모두 고유한 주파수로 진동하고 있다. 이들을 개체
라고 한다면, 세상의 모든 개체들은 각각의 주파수로 진동하고 있
다.[12]

그렇다면, 이러한 모든 개체들의 진동과 주파수를 근원적으
로 가능하게 하는 순수의식의 근원이란 무엇일까?

고대로부터 지혜로운 자들은 이러한 초월적 의식 상태를 경험
해 왔다. 통합심리학의 창시자 켄 윌버Ken Wilber에 따르면, 근대
이전의 심리학에서는 이러한 인간 의식의 상위차원이 하나의
보편적 현상으로 존재해왔고 또한 다루어졌으나, 근대 이후 학
문의 실증주의 경향에 묻혀서 사라졌다고 한다. 그리하여 그는
이러한 초월적 의식 상태를 복원하여 하나의 통합적인 의식 스
펙트럼을 만들어야 한다고 주장했다.[13]

개체의 육체와 마음, 그 개별적 주파수를 넘어선 순수의식의 장場이 존재하고 있으며, 우리의 생각, 감정, 느낌은 모두 그 근원 에너지 장에 접속되어 있다. 지금 이 순간도 실시간으로 접속되어 파동을 발산하고 있다.

근원은 근원대로 개체는 개체대로 고유한 진동 주파수를 발산하고 있는데, 우리의 마음이 고요하고 텅 빈 의식의 상태에 들어가면 순수의식의 근원과 접속할 수 있다. 그 깊은 근원, 심층마음의 장場은 고요하고 텅 비어 있으며 신령스럽게 알아차리고 있다.

바이오센트리즘

세계적인 양자물리학자 로버트 란자 교수는 『바이오센트리즘: 왜 과학은 생명과 의식을 설명하지 못하는가?』[14]에서 의식은 시공간을 포괄하며, 시공간으로 의식을 가둘 수 없다고 주장했다.[15] 바이오센트리즘생명중심주의이라는 양자역학의 새로운 패러다임을 제시한 것이다. 이는 기존의 물리학 패러다임으론 의식에 대해 체계적으로 설명할 수 없음을 보여준 것이어서 큰 파장을 불러오고 있다.

한번 상상해보라. 우주의 밤하늘, 그 광활한 공간에는 수많은 별들이 보석처럼 빛나고 있다. 개체 생명을 잉태한 거대한 무극의 공간이다. 한편 이러한 현상을 우리 안으로 돌리면 우리 뇌 속에 들어와 있는 뉴런과 시냅스들 역시도 이와 유사한 빛들을 발산하고 있다. 통찰력으로 빛나는 아이디어 속에서 빛과 의식의 흐름을 보여주는 것이다.

어쩌면 우리들 순수의식의 영역, 시간과 공간을 초월하여 텅 빈, 그러나 순수한 알아차림으로 빛나는 무극의 자리가 우주 의식의 본모습은 아닐까? 텅 비어 고요하나 신령스러운 지혜로 빛나는 심층마음의 순수 파동은 우리 뇌의 구조와 배열에도 이미 투영되어 있을지 모른다.

심층마음은 시간과 공간, 나와 대상 등 상대적 이분법을 초월한 실재이다. 내가 그동안 나라고 여겼던 몸과 마음을 넘어선 초월적 실재이다. 그런데 이것이 나의 몸이나 마음보다 더 실제적이고 생생한 '나' 자신이다. 이러한 참 자기의 순수의식 안에서 시공간이 작동되고 있고, 또한 시공간을 벗어나서도 순수의식은 여실히 빛나고 있다.

지금 이 순간도 생생한 나의 심층마음은 깨어 있음으로서 존재하며, 우주 삼라만상 모든 개체들을 여실히 비추고 있다. 이러한 내 생명의 실재는 순수의식이며, 그 의식의 본질은 텅 빈 전체 그러나 알아차리는 그 무엇이다. 그 이름 붙일 수 없는 그것은 순수하고 텅 빈 거울과도 같아서 대상들의 모양과 색상, 빛깔 등 들어오는 족족 그대로 비추고 있다. 대상만 비추는 것이 아니라 자기 자신을 여실히 비춰 능히 밝고 빛나게 이미 알고 있다.

고요함

심층마음으로 들어가는 키워드는 깊은 고요함이다. 생각과 분별
이 끊어지면 고요함으로 들어간다.

고요함은 적막함을 뜻한다. 주위가 고요해서 뇌파[16]가 가라
앉은 상태이기도 하지만, 본질적으로는 바깥 대상 경계를 따라가
지 않는 마음을 고요함 혹은 선정禪定이라고 할 수 있다.

지혜는 이러한 고요함 속에서 나오는 직관, 아이디어를 뜻하
는데, 본질적으로는 주관과 객관 모두가 비어있음을 알고, 그 어
디에도 치우치지 않고 관찰하는 힘이라고 할 수 있다. 이러한 고
요함과 지혜를 공적영지의 마음이라고 할 수 있고, 이는 우리가
흔히 알고 있는 일상적 마음이나 분별하는 마음느낌, 생각, 의지, 취사간
택과는 다르다.

인생에서 계발해야 할 덕목은 많지만, 둘로 요약하면 고요함과
지혜이다. 부와 명예, 지위와 같은 외양적 행복도 좋겠지만, 이
는 금방 왔다가 사라지는 외양적 조건이며 진정으로 오래가는
내면적 덕목은 고요함과 지혜인 것이다. 이를 불교에서는 선정
과 지혜라고 하여 정혜쌍수定慧雙修라고 했다. 고요함 속에서 선
정을 닦고 다시 그 선정 속에서 지혜를 닦는다는 뜻이다. 하지

만 먼저 고요함이 없다면 참다운 지혜는 생길 리 없다. 참다운 지혜와 안목을 위해서도 고요함은 키워드가 되는 것이다.

선사禪師들은 "이게 뭐지?" "이뭣고"라는 화두를 통해 생각을 한꺼번에 날려버렸다. 생각을 천천히 가라앉히는 것이 아니라, 한 꺼번에 번뇌를 날려버린 것이다.

결국 당신은 근원을 발견하게 될 것이다. 그 근원은 생각 이전의 자리이다. 생각과 분별이 끊어진 자리, 인식의 바탕 자리이다. 호흡을 깊게 하며 근원에 머물라. 그곳은 고요함과 지혜의 자리 island of wisdom이다. 그곳에서 우리는 영원한 평화와 안식을 얻는다.

해답은 심오한 것에서 건져 올려야 한다. 재빨리 낚아 올리면서 여유를 갖는다는 게 무슨 뜻일까? 마음의 긴장을 풀면서 주변 환경에 잘 맞춘다는 것은 무슨 뜻일까?[17]

결국 그대는 고요함을 찾고 지혜를 얻는 일이 더 이상 낯설지 않게 될 것이다. 그곳에 평화가 있고, 고요함이 있다.

우리는 인생에서 무엇을 더 원해야 하는가? 우리가 더 원해야 할 것은 지위도 아니고 인기도 아니지 않는가?[18]

"현재에 더 집중하길, 더욱 또렷하게 사고하길, 통찰력과 진실을 더 잘 바라보길, 그리고 무엇보다 더 많이 고요하길 원해야 한다."[19]

발자국 없는 숲속, 땅바닥에 배를 깔고 누워서 책을 읽고 있는 조용한 아이 (……) 산 너머로 올라오는 장밋빛 여명, 반복해서 흘러나오는 노래와 그 노래의 비트, 그리고 상황과 완벽하게 맞아떨어지는 리듬, 제출 기한 전에 과제를 끝마친 것과 같은 기쁨, 텅 빈 받은 편지함의 일시적인 조용함.[20]

이 모든 것이 고요다.

Chapter 2

영혼의 고요

천사와 우리 영혼의 차이.
그것은 이미 완전하고 조화로운 상태에 있는 존재와
그렇게 되기 위해 성장하고 있는 존재의 차이이다.
__ 게리 주커브, 『영혼의 자리』

영혼의 고요

'영혼의 고요'라고 쓰니 달라 보인다. '마음의 고요'보다 한발 더 깊이 들어간 느낌이다. 왜냐하면 영혼의 고요는 끝없이 심오한 우리의 본성심층마음을 의미하기 때문이다.[21] 내면의 순수의식으로 깊이 들어가 그 고요한 본성에 머물 때 우리는 심층마음과 하나가 되고 지극한 평화를 얻게 된다. 영혼의 고요는 심층마음으로부터 오는 고요인 것이다.

  그렇다면, 그대의 순수의식은 어디에 있는가? 그대 생각의 근원을 찾아보라. 그대 생각이 경험하는 고요한 바탕 의식은 어디에 존재하는가? 지금 그대가 듣는 소리는 어디에서 들리는가?[22] 보는 것은 무엇인가? 보고 듣고 아는 그것은 무엇인가?

가령, 시냇물이 흐르는 소리가 들린다면 그 소리는 도대체 어디에서 오는가? 새들이 재잘거리는 소리는 어디로부터 오는가? 풀벌레 소리는 또 어떤가? 소리와 소리 사이로 틈새가 보이는가? 그 틈새 이면에 있는 근원은 인지되는가?

그대는 생生과 사死, 현상現相과 실상實相 사이에 가려진 장막의 이면을 볼 수 있는가? 그 두텁게 가려진 장막 사이로 언뜻 비치는 빛의 근원을 볼 수 있는가? 그렇다. 그것은 존재의 근원이었고, 불생불멸의 참 자아였다. 이를 우리는 순수의식純粹意識이라고 부른다. 그 순수의식을 찾고, 그 순수의식과 하나될 때 우리는 심층마음에 들어갈 수 있다.

영혼의 고요, 그 다음은 무엇일까?[23]

영혼의 깊은 고요와 순수의식의 기쁨을 얻었다면, 그 다음은 이제 어떻게 해야 할까?

영혼의 고요와 순수의식을 깨닫고 나면 지혜의 힘을 키워야 한다. 이를 현대적인 어법으로 말하자면, 비판적 사고와 창의적 성찰을 하는 것이다. 가령, 다음과 같은 비판적 질문을 스스로에게 던져본다.[24]

• 당신에게 정말 중요한 것은 무엇인가?

모두를 위한 직관과 창의성

- 당신에게 지금 어떤 일이 일어나고 있는가?
- 당신이 지금 그 일에 직면해서 느끼는 감정은 무엇인가?
- 그 감정은 진실인가? 객관적 사실에 입각한 것인가?
- 당신은 무의식, 직관, 감성의 중요성을 인지하고 있는가?
- 진정한 삶의 의미는 무엇인가?

영혼의 고요함에 이르렀다고 해서 그것이 끝은 아니다. 순수 의식의 밑바탕에 흐르는 해방감과 자유를 맛보게 되지만, 그 자유는 흘러넘쳐 사랑으로 변해야 한다. 사랑과 인격으로 변하고, 그 변함은 행동으로 나타나야 한다.

"영혼의 고요함에 이르고 자유와 기쁨을 얻었으니, 나는 더 이상 세상의 귀찮은 일에서 물러나야겠다." 이렇게 되지 않는다. 오히려 그 반대다.

세상 속에서 자신의 고유한 소명을 느끼며, 책임에 더욱 충실하게 된다. 그동안 자신을 옥죄던 속박에서 해방된 자유의 힘과 에너지는 사랑으로 투입된다. 굳이 표현하자면, "고독으로부터 고요를 얻고 돌아온 우리는 인내, 이해, 감사, 사랑, 통찰의 형태로 그 영혼의 고요를 드러내는 것이다."[25] 깊은 고요함 속에서 심층마음을 깨닫고, 그 지혜는 주변과의 나눔 속에서 기쁨으로 승화되는 것이다.

순수의식

고요함과 순수의식은 깊이 연결되어 있다. 고요함은 순수의식으로 이어진다. 하지만 고요함이 곧 순수의식은 아니며, 고요함이 순수의식으로 자동 연결되지는 않는다. 순수의식에 잠깐씩 들어가면서도 그것이 순수의식인지 모르거나 순수의식에 들어갔다가 나왔지만 그것이 순수의식이었는지 모르는 경우도 많다. 따라서 순수의식에 대한 명확한 개념 정립이 필요하다.

그렇다면, 순수의식이란 무엇인가?

우리 의식의 밑바탕으로서 때묻지 않은 순수한 의식이다. 우리 의식의 밑바탕에는 이러한 의식이 있다. 우리가 보고 듣고 맛봄으로써 분별하기 전 그 분별이 가능하도록 만들어 주는 근원적 의식이 존재한다. 소리가 들리면 소리를 따라가기 전에, 냄새가 나면 냄새를 따라가기 전에, 모양이 보이면 그 모양을 보고 판단하기 전에, 순수하게 아는 의식이 있다. 그것이 순수의식이다. 이것은 심층마음에서 일어나는 깊은 의식이다.

순수의식은 우리가 분별하고 판단하는 행간의 틈새, 그 근원에 존재한다. 우리가 책을 읽을 때 보통 바탕은 보지 않고 흰색 종이 바탕 위의 글자만 좇아가듯이, 우리가 보고 듣고 맛볼 때 역시 그것을 가능하게 만든 바탕은 보지 않고 그 대상만 좇아가 분별한다. 그러고는 곧장 자기 나름대로의 판단과 해석에 빠진다. 이건 좋은 것, 이건 싫은 것, 내가 좋아하는 사람, 내가 싫어

모두를 위한 직관과 창의성

하는 사람 등등. 그리고 그것이 진실이라고 믿어 버린다.

그렇다면, 순수의식을 어떻게 알아차릴 것인가?

순수의식은 그대를 바라보는 텅 빈 시각이다. 이는 허망한 생각이나 분별이 아닌 순수한 전체의식인데 이것이 그대의 모든 생각, 행동, 말을 관찰하고 있다. 이것은 너무도 순수하고 텅 빈 바탕이어서 볼 수가 없다. 또한 우리의 마음 그 자체이므로 볼 수가 없다. 눈이 눈을 볼 수 없듯이, 물고기가 물속에서 물을 볼 수 없듯이, 마음 자체인 하나가 하나를 볼 수 없다.

하지만 볼 수는 없지만 알 수는 있다. 마음은 이미 마음을 아는 것이다. 이것을 우리 마음의 자기지, 본각이라고 한다. 우리 마음은 지와 각의 작용이 있어 이미 알고 있다.

이렇게 늘 주의를 자기의 근원 의식에 두는 습관에 익숙해지면 순수의식을 알게 된다. 그렇게 되면 이 순수의식과 함께 살게 된다. 그러는 가운데 공부가 익어간다. 그렇게 되면 이 순수의식과 나는 단 한 번도 분리된 적이 없음을 알게 된다.

그럼, 순수의식을 찾고 나면 무엇이 좋은가?

순수의식에는 괴로움과 집착이 붙을 수 없다. 그 어떤 것도 붙을 수 없다. 오로지 순수하게 알아차리는 텅 빈 바탕만이 존재한다. 그것은 심층마음의 근원이다. 전체가 고요하고 텅 비었으며 그런 가운데 밝은 알아차림이 있다.

우리가 이 순수의식을 놓치는 순간 분별에 빠져든다. 우리의 이기적 생각으로 분별하고 판단한다. 이내 곧 좋은 것, 싫은 것으로 나누고, 좋은 것에 집착한다.

하지만 순수의식을 놓치지 않는 공부가 깊어지면서 우리 마음에는 고요함과 평안이 온다. 진정한 기쁨이 오고 이대로 부족함이 없음을 알게 된다.

스틸니스

스틸니스stillness는 고요함이다. 고요함은 지혜를 성장시키는 모태이다. 이에 동서양의 모든 철학자들도 고요함을 얻기 위해 애썼고, 그 속에서 지혜를 성장시켰다. 그리하여 스토아 철학, 불교, 유교에서부터 기독교에 이르기까지 고대의 모든 철학과 종교는 고요함이 지구상에서 가장 강력한 힘이라고 말한다.[26] 『스틸니스』의 저자 라이언 홀리데이는 "고요함은 바쁘게 돌아가는 세상 속에서 모든 것을 천천히 흐르게 하는 힘"[27]이라고 말했다.

그렇다면, 우리 안에 숨겨진 고요함은 어떻게 찾을 수 있을까?

세상은 온통 텅 비어 있고, 가끔씩 들려오는 새소리 혹은 까마귀 소리가 진실을 알려주고 있다. 그 소리는 어디에서 나는가? 그 고요한 근원을 인지하라. 우리는 기분이 흐려지면 세상의 진실을 놓치게 된다. 내가 지금 그것을 놓치고 있다면, "이게 뭐지?" "나를 가로막고 있는 건 뭐지?"라고 질문하면서 다시 그 고요한 근원으로 돌아가라.

고요함은 우리 내면의 정합성으로부터 온다. 우리의 의식이
심층마음에 머물 때主-無適, 우리는 세상과 하나가 된다. 고요함으
로 들어가는 것이다.

내가 존재한다는 생생한 느낌을 모를 사람은 없을 것이다.
언제나 내면의 중심을 또렷하게 느껴지는 이 자리에 두라. 고요하
고 맑은 그러면서도 또렷한 그대의 순수의식이 빛나게 될 것이다.

새소리에 의식이 있다

크리스 나이바우어는 저서 『하마터면 깨달을 뻔』에서 의식의 비
밀을 멋지게 표현했다. 그것은, 예를 들면, "새소리에 의식이 있
다." "의식은 두개골 안에만 있지 않다." 같은 표현들이다.[28]

> 우리는 흔히 의식이 내 머릿속에 있다고 생각한다. 혹은 그런
> 생각 자체를 별로 해보지 않았을지도 모르겠다. 바깥에서 새소
> 리가 들려도 그런가 보다 한다. 어떤 냄새가 나도 그런가 보다
> 한다. 내 귀가 있고 코가 있어서 듣고 냄새 맡는다는 정도로 생
> 각하고 만다. 어쩌다가 자연 속에 들어가 마음이 맑아지고 가뿐
> 해져도 그냥 공기가 맑아서인 줄로만 알고 있다. 하지만 여기에
> 는 중요한 비밀이 숨겨져 있다.

그것은 바로 의식은 두개골 안에만 있지 않다는 사실이다. 의식은 널리 편재되어 있다. 그러다가 우리가 주의attention를 주는 곳으로 달려와 머문다. 우리가 머릿속이 복잡할 때, 가령 우울하거나 자잘한 걱정거리로 마음이 복잡할 때, 의식은 머릿속에 머문다.

하지만 우리가 넓고 열린 광활한 공간으로 나가 자연을 대하거나 아름답고 황홀한 경험을 할 때 우리 마음은 무한하게 넓어진다. 새소리를 들으면 의식은 새소리에 가 있고, 장엄한 폭포 소리를 들으면 의식은 폭포에 가 있다. 그 순간은 머릿속 에고나 걱정거리, 수다로부터 벗어난다. 자연히 머리가 맑아지고 가벼워진다.

의식은 주의를 집중하는 곳으로 간다. 동시에 두 곳 모두 머물 수 없다attention theory. 머릿속은 걱정하면서 동시에 새소리에 집중하거나, 새소리를 즐기는 상태에서 걱정거리가 떠오르지는 않는다.

이러한 의식의 비밀을 옛 선사들은 알았던 것 같다. "이것은 무엇인가?"라는 화두를 드는 순간 생각이나 걱정은 끊어진다. 우리의 의식은 내면으로 돌이켜, 보자마자 아는 신령스러운 '이것'에 집중한다. 그 순간 우리의 의식은 현존하게 된다. 온전히 나와 하나가 된다.[29]

우리는 일이 있을 때나 없을 때나 화두를 들면 고요함이 전체가 된다. 깨어 있는 인식이 되는 것이다. 이러한 연습이 깊어지

면 심층마음이 주는 고요함과 기쁨을 얻을 수 있다. 그리고 그
때 그대는 이렇게 말할지도 모른다. "아! 드디어 집에 도착했구
나Alas! I am finally at home."

고요히 앉아 있으라

"세상은 흙탕물과 같다."[30] 사실은 세상이 아니라 내 마음이 흐려
져 있는 것이다. 어쨌든 "이를 꿰뚫어 보려면 먼저 흙먼지를 가라
앉혀야 한다. 첫 모습만 보고 흔들려서는 안 된다. 인내심을 갖고
고요하게 기다리면 진실이 내 눈앞에 나타날 것이다."[31]

　"방 안에 홀로 앉아서 생각이 어디로 어떻게 흐르든 내버려두어
라. 1분 동안 그대로 하라. 이처럼 생각이 정처 없이 흐르도록
내버려두는 일을 하루에 10분 동안 해보라. (……) 머릿속에 흥
미로운 생각이 확실히 떠오를 때까지 이런 식으로 연습 시간을
늘려라. 이때의 정신 상태는 '외로움 없는 정적, 평화, 고요함'이
다."[32] 또한, 이때의 정신 상태는 "집중, 명석함. 그리고 무엇보다
내려놓는 힘, 스틸니스stillness"[33]이다.

　불교도들은 현재에 온전히 집중하려면 반드시 머릿속을 비
워야 한다고 말한다.[34] 이를 사마타 수행이라고 한다. 한편, 사마
타의 힘이 키워지면 깊게 들여다보는 위빠사나의 지혜가 늘어난

다. 고요함 속에 집중하여 선정의 힘을 키우고, 사물의 본질을 깊이 통찰하여 지혜의 힘을 키울 수 있다.

마음의 본체는 심층마음眞如心이다. 마음이 근원에 있으면 나는 본질과 하나가 된다.

불교에서는 제자들에게 직지인심直指人心과 직하무심直下無心을 강조했다. "마음이 부처임을 바로 보라는 것"이고, "그 마음의 본체가 불성無心임을 바로 알라"는 것이다.

제자들에게 "부모가 태어나기 전의 너의 모습은 어떠했는가? 한 손으로 치는 손뼉 소리는 어떠한가? 개에게도 불성이 있는가?"[35]와 같은 까다로운 화두를 주고, 지금 당장 답변하라고 다그쳤다. "때로는 며칠씩, 몇 주씩, 심지어 몇 년씩 시간을 들여 그 문제를 깊이 참구하게 만들었다. 이렇게 함으로써 제자들을 정신을 맑은 상태로 유지[36]하게 했고, 마침내 궁극의 본질과 하나로 계합하게 만들었다. 깨끗하고 텅 빈 마음 속 근원심층마음과 하나되게 만든 것이다.

모두를 위한 직관과 창의성

Chapter 3

마음의 평정

마음의 평정심은 고요하고 단단한 마음이다.
그리고 초연함이다.

평정심

평정심平靜心. 혼란하고 불확실한 세상에 참으로 보석 같은 단어다.[37]

명경지수明鏡止水와도 같은 삶. 일상사의 부침 속에서도 초연할 수
있는, 그야말로 초월성超越性과 내재성內在性을 함유하는 삶. 고요하
고 단단하여 일체의 외부 자극에 흔들림이 없이 자기의 주체성과
자율성을 유지하고 외부의 상태를 조절할 수 있는 삶. 이는 인간
이라면 누구나 꿈꾸는 삶이다. 진정한 자유를 누리는 삶 말이다.

평정심은 스토아 철학에서 강조한 핵심 사상이었다. 고요하
고 단단한 마음 그리고 초연함.

그리스의 스토아 철학자들은 철저한 자기 절제와 엄격함 속에서 외부 작용에 흔들리지 않는 마음의 상태를 최고의 경지로 보았다. 이는 누군가로부터 욕을 듣거나 모욕을 당해도 흔들리지 않는 마음이며, 가장 대표적인 시금석은 죽음의 위협에도 흔들리지 않는 마음을 기준으로 삼았다. 죽음 앞에서 흔들리거나 두려운 빛을 보이지 않는 평정심을 진정한 철학자의 표본으로 삼았다.

에픽테토스의 삶

그런 의미에서 로마의 에픽테토스Epictetus(55?~135?)는 진정한 철학자로 존경받았던 사람이다. 그의 핵심 사상은 역시 평정심에 있었다. 평정심을 통해서만이 진정한 자유와 행복에 이를 수 있다고 보았다.[38]

에픽테토스는 평정심에 대해 다음과 같이 말했다.[39]

우주의 본성은 질서정연한 자연의 섭리에 있습니다. 진정한 신앙은 이러한 섭리를 믿는 것입니다. 지혜로운 사람은 내면의 품성을 더욱 소중히 여깁니다. 외양적 가치는 영원하지 않아요. 고요함과 지혜를 닦아나가면서 겸손해야 합니다. 인생의 목적은 행복이며, 행복은 이러한 마음의 평정에서 옵니다.

그는 평정심에 도달하는 방법을 다음과 같이 제시했다.

- 자신의 뜻대로 할 수 있는 일과 없는 일을 구별하라.
- 자신의 뜻대로 할 수 있는 것에만 관심을 두라.
- 죽음 그 자체가 아니라 죽음에 대한 관념 때문에 고통이 온다.
- 지혜를 추구하는 사람은 겸손해야 한다.
- 지혜는 행동으로 나타난다.
- 모든 것은 마음에서 비롯된다.

소로의 삶

미국의 사상가, 헨리 데이비드 소로의 『월든Walden』은 널리 알려진 책이다. 이 책에서 소로는 열린 마음으로 자연을 관찰하고 깊은 교감을 나눴다. 그리고 풍부한 시적 통찰력으로 순결한 인간의 삶에 대해 노래했다.[40]

> 물은 새로운 생명과 움직임을 끊임없이 공중에서 받아들이고 있다. (……) 나는 미풍이 물위를 스쳐 가는 곳을, 빛줄기나 빛의 파편이 반짝이는 것을 보고 안다. 이처럼 우리가 수면을 내려다볼 수 있다는 것은 놀라운 일이 아닐 수 없다.[41]

그는 내면에 투영된 자연의 아름다움에 대해서 관찰했다. 그리고 보고 듣고 아는 이것의 신비로움에 존경을 표했다.

이처럼 그가 자연으로 들어간 이유는 본질과 본질이 아닌 것을 명확히 구분하기 위해서였다. 그리고 본질에 대한 지혜를 터득함으로써 뒤늦은 후회를 하지 않기 위해서였다.

나는 신중하게 살고, 오직 삶의 본질적인 부분만 대면하기 위해, 삶이 가르쳐 주는 것을 배우기 위해, 그리고 죽음에 직면해서 내가 제대로 살지 못했다는 것을 깨닫고 싶지 않아서 숲으로 갔다. 삶이란 너무나 소중했기에 삶이 아닌 것을 살고 싶지 않았다.[42]

고요와 불안

마음으로 평소 자기반성을 하며 자신의 행동을 돌아보는 사람은 고요함에 쉽게 들 수 있다. 하지만, 자기중심적이고 불안한 사람들은 고요함에 들 수 없다. 이들은 고요와 평정을 논하기 전에 먼저 자기반성이 필요하다. 공자는 "자신의 행동을 절제하며 잘못된 길에 빠질 일이 없다."[43]라고 말했다.

조직의 동기 부여에는 1) 위생 요인hygiene factor, 2) 동기 요인 motivation factor이 있다. 가령, 기본적인 청결, 보건 위생, 보안 안전과 같은 위생 요인이 충족되기 전에는 아무리 동기 부여를 해도 조직은 성장하지 않는다. 위생 요인이 일단 충족되고 나면 조직은 크게 성장하기 시작한다motivation-hygiene theory by Helzberg.

우리 영혼도 마찬가지이다. 영혼의 미성숙은 다양한 부작용을 낳는다. 예를 들면, 지나친 욕심과 분노, 이기심 등과 같은 것들이다. 이러한 강한 에고적 특성은 탐욕과 무지를 동반하면서 주변과의 불화를 초래한다. 거친 번뇌와 업장으로 작용하는 것이다. 이러한 영혼의 위생 요인이 해소되기 전에는 동기 요인이 작동되지 않는다. 말하자면 영혼의 성장, 즉 고요함, 진정한 기쁨, 지혜 등은 너무나도 거리가 멀다.

자기중심적이고 불안한 사람들은 갈등과 분노를 유발한다. 이를 불교에서는 거친 번뇌라고 한다. 거친 번뇌를 지닌 사람은 아무리 방 안에 홀로 앉아있어도 번뇌가 가라앉지 않는다. 이런 사람은 진정한 반성과 성찰이 필요하다. 진정성 있는 반성을 통해 자신을 돌아보아야 하고, 그에 따른 행동의 변화가 필요하다.

당신은 어떤가? 당신은 자기반성적인 사람인가, 자기중심적인 사람인가?

인생을 살다보면 중대한 시련에 직면하기도 한다. 시련이 닥쳐왔을 때에는 진솔한 자기반성이 필요하다. "자신의 결점을 곱씹거나 숨기는 사람들은 고요할 수 없다. 고요는 오직 강인함과 자신감 속에 뿌리를 내린다."[44]

불안과 분노를 제거하지 않고는 고요를 얻을 수 없다. "자기중심적인 사람만큼 내면의 평화를 누리지 못하는 사람도 없을 것이다. 그런 사람들의 정신은 당당함과 불안함이 뒤엉켜 소용돌이친다. 주변의 모든 일을 복잡하게 만들며 뭐든지 자기 위주로 행동한다."[45] 자기 확신 속에 평정과 고요가 깃든다.

> 불안과 과대망상에 먹이를 주지 마라. 이 둘은 모두 고요를 가
> 로막는 장애물이다. 자신감을 찾아야 한다.[46]

몸의 철학: 움직임

불안이 있을 때는 몸을 움직여야 한다. 가벼운 불안은 움직임으로
해소된다. 몸을 움직이고 활동을 하면 정신이 맑아진다. 생각이
번거로울 때에는 많이 걸어라. 노자는 "움직임이 고요함의 바탕"
이라고 말했다.[47]

키르케고르는 이를 이렇게 강조했다.

> 무엇보다도 걸어야겠다는 마음을 잃지 마십시오. 저는 하루하
> 루 더 건강해지기 위해 걸었고, 또 최고의 아이디어를 얻기 위
> 해 걸었습니다. 걷기를 통해 벗어나지 못할 만큼 무거운 생각은
> 어디에도 없습니다.[48]

이처럼, 키르케고르는 걷는 활동을 거의 신성시했는데, 철학
자인 그의 탐구의식에 마중물을 붓듯이 걷기는 그의 머리를 비웠
고 영혼을 맑게 해주었다.[49]

좋은 산책을 하는 비결은 현재에 집중하면서 움직임에 마음을 여는 것이다. 휴대폰을 꺼라. 삶을 짓누르는 문제들을 잊어라. (……) 숨을 들이마시고 내쉬어라. 발밑에서 부스러지는 낙엽소리를 들어보라. 땅이 당신을 받치고 밀치는 느낌을 느껴보라.[50]

가볍게 들리지 모르겠지만, 걷는 일 못지 않게 따뜻한 물에 몸을 담그는 일 또한 중요하다.

물에는 뭔가가 있다. 물의 생김새, 소리, 느낌, 고요를 추구하는 사람들은 파도보다 더욱 거센 힘으로 세상의 소란과 괴로움을 씻어내는 방법을 찾는다.[51]

따뜻하고 깨끗한 물에 몸을 온전히 맡겨보라. 느긋하게 욕조에 몸을 담그라. 평소 좋아하는 음악을 틀어 두어도 좋으리라. 자신만의 공간을 만들어 현존하는 시간을 가져 보라.

가령, 하루 일과를 마치고 지친 몸과 마음을 따뜻한 물로써 정화시키는 것이다. 몸이 이완되면서 정신도 기분 좋게 깨어 있을 수 있다. 더 나아가 이 모든 것을 느끼고 아는 깨어 있는 '그것'이 무엇인지 사유하고 관찰하라.

고요함에 명료한 정신이 더해지면 심층마음과 하나될 수 있고, 우리는 거기에서 마음의 기쁨을 얻는다.

PART 2

텅 빔

고요함으로 깨어 있으면 존재의 텅 빔을 직관으로 인식한다. 텅 비어 고요하

면서 신령스러운 영지靈知가 깨어 있는 인식 속에 드러나는 것이다.

Chapter 4

마음의 근원

마음의 본성은 텅 비어 있으며, 고요함으로 깨어 있다.
이것이 그대 심층마음의 근원이다.

마음

마음은 전체는 하나지만 들어가는 문은 두 가지이다.

하나는 표층의식이다. 이를 생멸문 生滅門이라고 한다. 좋아하고 싫어하고 울고 웃는 범부의 마음이며 대상을 분별하는 일상적인 우리의 마음이다. 인연과 조건이 되면 나타났다가 이들이 사라지면 금방 없어지는 생멸심이다. 중생의 마음이라고 하여 중생심이라고도 부른다.

다른 하나는 심층마음이다. 이를 진여문 眞如門이라고 한다. 표층적 차원에서 보면 온갖 분별상이 펼쳐지지만 심층에는 이들이 하나의 뿌리처럼 연결되어 있다. 즉 실상을 제대로 관찰하면 연기 緣起的 작용이 일어나고 있고, 사실은 하나의 큰마음이 작동하고 있다고 하여 일심, 진여심眞如心이라고 부른다.

양자역학에 따르면 우주의 만물은 일원적 바탕으로 이루어져 있다. 6종의 쿼크(양성자와 중성자는 쿼크로 이루어져 있다)와 6종의 렙톤(전자도 렙톤의 일종이다)이라 불리는 소립자[52]가 끊임없는 순환운동 속에서 하나의 에너지 장을 이루고 있는 것이다. 물질을 쪼개고 쪼개어 바탕을 이루는 가장 기본적인 입자를 소립자라고 하는데, 그것을 더 쪼개고 들어가면 입자는 사라지고 에너지 파동만 남는다. 이처럼 정신은 이미 소립자입자의 차원을 넘어서 있는 그 무엇이다.

그 에너지 장의 정체는 무엇일까? 불교에서는 이를 불성이라고 불렀다.[53] 그 알 수 없는 힘은 우주 생명의 본체이며 법계의 근원이며 심층마음의 정수이다.

심층마음

심층마음은 공적영지의 마음이다. 텅 비고 고요하면서도 밝게 알아차리는 마음이다. 이것은 우리 마음의 심층 작용이다. 표층의식보다 깊은 곳, 즉 인식의 근원과 바탕에서 저절로 그리고 즉각적으로 일어나는 우리 마음의 본원적 기능이다. 마음의 자기 자각성自覺 혹은 본래 자각성本覺으로 인해 나타난 진여심眞如心[54]이라고 부른다.

심층마음은 순수의식이다. 이심 혹은 이차적 인식작용이 생각, 분별이 끼어들기 전의 일차 혹은 순수한 인식작용이므로 순수의식이다. 이것은 생생한 존재감이며 살아있다. 상락아정常樂我淨(열반의 네 가지 덕)이다. 이는 평화로움이며 항상 하는 즐거움이다.

『대승기신론』에서는 다음과 같이 말하고 있다.

> 마음은 본래부터 아는 성품을 가지고 있다. 그것은 본래 각성이
> 다. 표층의식에 비춰진 모든 사물과 경계는 우리의 심층마음에
> 의해 인식되는 것이다. 심층마음의 본래 성품(진여)은 온 세상을
> 두루 비추며, 밝게 알아차리는 마음이 있으며, 자체 성품이 청정
> 하며, 영원하고 즐겁고 진정한 자아이며, 청정함을 가지고 있다.[55]

심층마음은 전체의식이며 현존이다. 개별성이 아닌 전체를 통으로 조망하는 전체의식이며, 과거나 미래가 아닌 오직 현재에 만족하는 현존의식이다.

심층마음은 또한 일심, 우주심, 한마음이다. 표층에서 발생하는 개별적 입자실체를 실유존재로 집착하지 않고 전체적 파동연기이 하나로 연결되어 있다고 인식하는 대동심이며 일체동근의 마음이다. 일심, 우주심, 한마음이다. 따라서 이것은 가아에 집착하지 않는 참나 의식이며, 입자 개체로 보고 나와 너를 개별 존재로 비교하는 실체론적 관점이 아니라 전체를 하나로 연결된 파동 전체로 인식하는 연기론적 관점이다.[56]

심층마음과 표층의식

심층마음과 표층의식은 불교 철학의 권위자 한자경 교수의 연구 결과로 정리된 용어이다.[57]

> 심층마음은 불교에서 아뢰야식이라고 부르며, 우리의 일상적 마음을 넘어선 우주 전체의 정보를 함유하고 관장하는 심층에 존재하는 생명적 활동이다. 법계의 모든 정보를 함장하고 있기에 장식, 함장식이라고도 부른다. 불가분의 전체이며 전체는 하나로 연결되어 있다. 이를 개체인 우리가 인식론적으로 파악하여 들어갈 때 도움이 되는 수행적인 용어는 공적영지의 마음이다. 텅 비어 고요하며 알아차림으로 가득 찬 순수의식이며, 우리의 무한한 마음이며 광활한 공간이다. 시간적으로도 우주 전체의 정보와 종자를 함유하며, 공간적으로도 우주 전체의 정보와 종자를 함유하고 관장한다. 그러기에 아뢰야식은 무외無外이며 무한無限이다. 개체로서의 우리는 아뢰야식의 바깥을 나갈 수 없으며, 그러기에 한계를 지을 수 없는 하나의 전체로서의 마음識이다.

이러한 심층 아뢰야식의 활동 결과로 표층의식이 나타난다. 제8아뢰야식은 제7말나식을 통해 나라고 하는 자아의식을 발현시키고, 나라는 자아의식은 나 이외의 세상을 타자 혹은 대상으로 인식하게 된다. 우리가 보통 일상에서 일으키는 생각, 감정, 느낌과 같은 전5식이나 제6의식 활동은 모두 표층의식의 활동이다.

이는 더 깊은 곳에서 일어나는 심층적 파동을 이해하지 못한 채 겉으로 드러난 사물의 형상만을 인지하고는 바로 이들을 독립된 실체로서 인식해 버린다. 이러한 실체적 입자관은 세상의 사물들을 모두 낱개의 독립적 개체로 보게 되며 분리, 분열, 경쟁, 대립의 마음을 부추긴다.

이처럼 표층의식에서 나타나는 비교하는 마음, 분별하는 마음, 좋은 것에 집착하고 싫은 것을 미워하는 마음 등을 이름하여, 범부심凡夫心, 중생심衆生心, 생멸심生滅心, 분별심分別心, 집착심執着心, 취사간택심取捨揀擇心이라고 부른다.[58]

심층 아뢰야식에 기억되고 저장된 정보種子들은 우리의 표층의식의 활동으로 나타나며, 우리의 표층의식의 활동은 다시 심층 아뢰야식의 정보種子에 훈습되고 기억되었다가 다음번 활동에 영향을 끼치게 된다.

근원의 관점에서 보면 이 개체 마음은 실재하지 않는다.[59] 인연에 따라 일어났다가 조건이 사라지면 사라지기 때문이다. 집착하는 마음이 다 사라지고, 분별하는 마음이 다 사라지고 나면 이름 붙일 수 없는 그 무엇이 남는다. 텅 빈 지혜라고 할지, 텅 빈 고요함이라고 할지 모를 '이것'을 이름하여, 여기서는 '심층 마음', '순수의식', '참 성품'이라고 부르고 있다.

'지금 여기'에 집중해 보라. 그리고 자신이 위치한 '지금 여기'를 텅 빈 무한한 공간으로 확대해 보라. 드넓은 우주 공간으로 확대하여 모든 우주 전체가 내 마음 안에 들어와 있다고 상상하라. 내가 처한 내 몸, 생각과 느낌, 고통과 집착, 협소한 마음은 거대한 우주 전체에 비하면 너무나도 사소하다. 그것은 마치 티끌보다 작아서 생각하는 순간 흔적도 없이 부서져 버린다. 이것이 나의 본모습이다.

나는 텅 빈 고요한 의식이며, 드넓은 마음이다. 나는 전체이며 순수의식이다. 그런데 늘 깨어 있다. 그리고 밝게 알아차린다. 그것은 고요한 근원이며, 순수한 심층마음이다.

하지만 우리는 내 몸을 나의 전부라고 느낀다. 그리고 마음은 이 몸개체 안에 있다고 생각한다. 그것은 우리 마음의 국소적 편향성 때문이다. 하지만 진실은 그렇지 않다. 나는 나의 개체보다 더 큰 존재이다. '지금 여기'라는 공간은 어디에 들어 있는가? 바로 나의 심층마음순수의식 속에 들어 있다. 나의 심층마음순수의식은 온 우주를 담은 그릇이다. 대자연을 함유한 실재이다.

우주에는 오직 하나의 식識만이 존재한다. 그것은 알아차림이며 생생한 존재감이다.

마음은 우주의 생명컴퓨터

이렇게 한번 생각해 보자. 우주 전체를 하나의 거대한 살아있는 생명컴퓨터라고 생각하고, 그 전체가 하나의 식識이며, 그 심층마

음 안에는 다양한 차원이 존재한다.[60]

이 우주법계에는 다양한 생명체들이 살고 있는데, 인간도 그 중의 하나이다. 인간은 특수해서 마음이라는 것을 가지고 있는데, 그것은 살아가면서 얻은 기억과 감정, 느낌 들을 담고 있다.

말하자면, 심층마음은 대자연을 가동시키는 생명에너지이며, 이러한 생명에너지로 살아가는 인간은 각자가 표층의식이라는 필름을 재생시켜 자신의 삶을 구현해 나간다.

심층마음이라는 생명의 빛을 접속받아 살면서 창조와 체험이라는 행위를 계속해 나가는 가운데 자신이 만든 부정적 기억과 체험을 애초에 저장시킨 사람도 자기 자신이며, 그것을 비추며 불행한 영상체험을 계속 재생시키는 사람도 결국은 자신이다.

다양한 서버가 존재

우주 생명컴퓨터에는 다양한 서버가 존재하는데, 우리가 접속한 현실을 서버1이라고 해 보자. 하지만, 우주에는 서버1만 존재하는 게 아니라, 꿈이라는 서버2도 존재하고, 사후 세계라는 서버3도 존재한다.[61]

우리는 매일 생명에너지를 통해 현실이라는 서버에만 접속하는 게 아니라, 밤에는 꿈이라는 서버에도 접속하면서 이 세상과 꿈

세상을 자유롭게 드나들고 있다. 우리 육체가 죽음을 맞이하면 우리의 개체의식영혼은 곧바로 다음 세상에 접속한다.[62]

생각과 감정이 마음의 질료

우리는 이 세계에 손님으로 온 존재들이다. 인간의 몸으로 경험을 창조하면서, 우리의 영혼 의식을 물질적인 형태 속에 불어넣은 존재들이다.

— 마이클 뉴턴, 『영혼들의 기억』.

우리의 표층의식은 생각이라는 밑바탕 그림을 그리고, 감정느낌이라는 더 진한 색칠을 한 영상 필름으로 이루어져 있다. 심층마음이라는 근원적 빛을 비추면 영사기에 든 표층의식생각, 감정, 오감이라는 필름에 따라 영상인생이 펼쳐진다.

우리가 어떤 대상이나 사람을 대할 때 순수의식의 바탕이 있고, 그 바탕에서 기본적인 생각이 떠오른다. 이어서 좋다, 싫다라는 감정느낌을 경험하게 된다. 아주 끔찍한 주관적인 경험을 한 부정적인 기억이나 체험은 깊은 심층마음아뢰야식에 저장된다.

인간은 네 겹의 체로 이루어져 있다. 가장 안쪽에 육체가 있다면, 에테르체, 아스트랄체, 멘탈체 등의 순이다. 에테르체는 물질체육체와 비물질체영혼를 연결시켜주는 역할을 한다. 에테르체는 육체를 에워싸고 있는 정묘한 몸인데, 멘탈체와 아스트랄체를 육체와 접속하게 만들어주는 생기체生氣體이다. 육체의 죽음이 발생하면 에테르체는 육체와 분리되면서 사라진다.

이처럼 우리의 본질은 심층마음이며, 이러한 아뢰야식은 영원하다. 육체의 죽음이 온다는 것은 바깥에 걸친 외투 하나 벗는 것과 같으며 여전히 우리는 다음 차원계로 옮겨가서 새로운 삶의 체험을 이어나간다.

마음의 근원

마음의 근원은 심층마음이며, 무한한 빛의 공간이다. 그것의 본체는 공적영지의 마음이다. 즉, 텅 비어 고요한 가운데 밝은 알아차림이 그대의 본체이다. 그대가 고요함으로 깨어 있으면 그대 마음은 심층으로 들어가 근원에서 깨어 있게 된다. 그곳에서 그대는 순수의식을 느낄 수 있다.

『대승기신론』에서는 다음과 같이 말한다.

맑고 깨끗한 진여의 마음심층마음, 순수의식이 그대의 본바탕이다. 진여의 마음이 무명에 의해 흔들리면 표층의식의 온갖 차별상과 분별이 펼쳐진다. 무명이 소멸되면 마음에 망념이 일어나는

것이 없어지고 따라서 경계가 사라진다.[63]

심층마음에서 그대는 텅 비어 고요하면서 밝은 알아차림靈知으로 존재한다. 이것이 그대 마음의 근원이며, 참모습이다.

모두를 위한 직관과 창의성

Chapter 5

존재의 근원

철학자와 시인은 동일한 방식으로 세상을 바라본다.
둘 다 경이로움 속에서 '존재의 근원'을 본다.
— 라이언 홀리데이, 『스틸니스』

심층마음: 마음은 어떻게 세계를 만드는가?

불교 철학의 권위자 한자경 교수는 저서 『마음은 어떻게 세계를 만드는가』에서 심층마음과 표층의식을 일목요연하게 제시했다.[64] 이것은 많은 직관과 통찰력을 주고 있다.

위 그림에서 보듯이, 심층마음에는 나, 너, 그가 없다. 우주 정보를 모두 함유하고 있기에 제8아뢰야식의 우주심, 일심, 진여심이다. 또한 번뇌 종자를 함장하고 있으나 번뇌에 오염되지 않는 청정식이며, 공적영지심이며, 본래 마음이다. 하지만 표층의식에서는 제7말나식의 작용으로 개체의식이 발현된다. 나, 너, 그로 나뉘지고, 또한 시간과 공간이 쪼개진다. 우리는 보통 이 일상의식의 영역에서만 살아가므로 내 안의 더 깊은 심층마음을 자각하기란 쉽지 않다.

하지만 불가능하지는 않는 것이, 영가 현각(永嘉 玄覺, 665-713) 선사가 말했듯이, 우리 "마음은 마음을 이미 알고 있기" 때문이다. 이것을 자기지自己知 혹은 공적영지심空寂靈知心이라고 부른다. 텅 비어 보이는 대상이 없더라도 보는 마음이 없는 것은 아니며, 전체가 고요하여 들리는 대상이 없더라도 듣는 마음마저 없는 것은 아니다. 고요하여 텅 비어 있지만 밝게 알아차리는 마음이 있다. 그것을 찾아보라. 그 마음은 무엇인가?

> 마음이 마음을 이미 안다는 것은 자기지自己知가 있어서 그러하다. 우리 마음은 대상을 분별하여 아는 대상지對象知뿐만 아니라 마음이 마음을 이미 아는 자기지自己知를 가지고 있다. 이를 원효(元曉, 617-686)스님은 성자신해性自神解라고 하여 "우리 마음의 본성은 자기 스스로 신령스럽게 아는 능력이 있다"고 했으며, 보조국사 지눌(知訥, 1158~1210)은 공적영지空寂靈知라고 하여 "텅 비어 보는 대상이 없고 고요하여 듣는 대상이 없더라도 그 스스로 밝게 아는 능력이 있다"고 했다. 그러기에 자기가 자기를 보는 것이 가능하며, 마음은 이미 마음을 능히 다 알 수 있다는 것이다. 다만 찾지 않는 자에게는 영원히 보이지 않을 뿐이다.[65]

이처럼 심층마음 안에 세상이 다 들어 있다. 그곳은 분별의식 너머에 있는 곳으로서 거기에는 나, 너, 그가 없이 모두 공통의 뿌리이다. 그리고 우리가 사는 우주와 세상의 모든 정보를 함장하고 관리하는 자리이다. 그러다가 인연과 조건이 발생하면 표층의식 위로 나, 너, 그의 개체적 형상들을 발현시킨다.

우리의 생각, 감정, 오감과 같은 표층의식이 작동하면서 각각의 차별상들이 펼쳐진다. 하지만 그 차별상들을 가능케 만든 근원적 심층마음이 본래의 나이다. 그것을 밝은 마음으로 알아차리라. 깨어 있는 마음으로 그 심층마음을 전체적으로 통각統覺하라.

나는 실존하는가?

심층마음은 하나의 주체적 실재인가? 그리하여 자아와 세상은 나의 심층마음으로 인해 투영된 하나의 표층적 현상인가?

불교이론에 의하면 마음만이 실존하며, 세상의 대상들은 모두 이것에 비춰진 분별된 현상들이다. 마음의 본체는 심층마음이다. 그 심층마음심층의식은 나의 참모습이며, 일심, 진여, 순수의식, 공적영지의 마음이라고 부른다.

마음만이 실존한다는 의미는 심오하다.

우리에게는 두 마음이 다 병존한다.[66] 원래는 한 마음인데, 두 개의 차원으로 되어 있어 두 마음이라고 한 것이다. 우리에게는 표층의식으로 이루어진 일상적 마음도 있지만, 심층마음순수의식[67]

도 있는 것이다. 이러한 심층마음순수의식은 생겨나거나 사라지지 않으며 늘 상존한다. 우주의 거울과 같은 작용을 하므로 세상의 모든 대상은 심층마음에 투영되어 온갖 분별상으로 나타난다.

세상의 모든 사물들은 잠시 인연으로 모습을 나타냈다가 조건이 다하는 순간 사라진다. 실존하지 않는 것이다.[68] 따라서 실존하는 것은 거울 역할을 하고 있는 심층마음, 순수의식밖에 없다. 그래서 이것을 우주의 생명 또는 불성이라고 부른다. 이러한 심층마음, 순수의식의 절대성으로 인해 우리는 이 세상에 접속해 있다. 이 접속이 끝나면 심층마음, 순수의식은 또 다른 세계를 비춘다. 그러면 또 다시 다른 세계가 우리 앞에 나타난다.

마음만이 실존한다

마음 안에 세상이 모두 들어와 있다. 이것은 광대무변한 마음이며 심층의식이며 우주 전체의 실상이다.[69]
불교이론에서는 다음과 같이 말하고 있다.

무명으로 인해 내주체, 六根가 있고, 대상객체, 六境도 있다고 생각한다. 나와 대상, 관찰이 동시에 탄생하면서 개체가 있는 것으로 착각한다. 대상에 대한 분별은 표층의식에서 거의 자동적으로 일어나는데, 바로 취사取捨 간택揀擇하는 마음이다. 이러한 경험으로 인해 애착愛이 일어나고, 갈망取하는 마음이 생겨 집착과 고통을 일으킨다. 하지만 이러한 근본 이치를 꿰뚫어 알고 나면 세상은 하나의 뜬구름이고 바다의 포말과도 같은 덧없는 것임을 알게 된다.[70]

서양 철학과 과학은 표층의식에 나타난 대상에 대한 연구에 집중하고 있다. 만물이 실제로 개체로 존재한다고 생각하고 분열, 분리, 분석에 치중했다. 그것이 오늘날 과학의 눈부신 발전을 가져왔지만 그만큼 물질주의, 인간소외, 대립과 투쟁을 낳고 있다.[71] 겉으로 보면 입자요 개체가 사실이나 안으로 들어가 보면 에너지요 파동이요 전체는 연결되어 있는 것이다. 우리 마음의 뿌리는 심층마음심층의식으로 이어져 있기 때문이다.

일체유심

일체유심一切唯心은 보통 일체유심조一切唯心造로 알려지면서, "세상일은 마음먹기 나름"이라는 뜻으로 널리 통용되고 있지만, 그 근본 뜻은 더 깊은 의미를 갖고 있다. 즉, 만법유식萬法唯識, 유식무경唯識無竟과 같은 개념으로서 정신작용의 절대성을 의미한다. 이때 정신작용이란 표층의식보다는 심층마음심층의식, 순수의식의 작용을 의미한다.

"일체유심一切唯心"이란, 외부세계란 나의 심층마음이 빚어낸 것이며, 외부세계가 홀로 독자적 실체를 갖고 존재하는 것이 아니라는 뜻이다.

불교에는 이런 말이 있다. "나도 비고 세상도 텅 비어 오로지 마음만이 존재한다." 그 텅 빈 마음의 근본 자리에 고요하면서도 깨어 있는 그러면서도 신령스럽게 알아차리는 심층마음심층의식, 순수의식이 있다.

유식무경

불교에서의 "일체유심一切唯心"을 유식이론으로 표현하면 "유식무경唯識無竟"이다. 오직 내 마음이 존재하고 바깥 경계는 내 마음의 투사라는 뜻이다. 혹은 만법유식萬法唯識인데, 모든 존재는 내 마음의 반영이라는 뜻이다. 여기에서 마음이란 심층마음심층의식, 순수의식을 의미한다.

다음 그림 오른편의 참나가 정신심층마음, 순수의식을 반영하는 것이라면, 왼편의 물자체物自體, thing-in-itself는 물질이데아을 반영하는 것이다. 이를 단계적으로 한번 알아보자.

첫째, 그림 오른편의 참나심층마음는 정신의 절대성을 의미한다. 이것은 내가 현재 존재한다는 생생한 느낌이다. "아이 엠I AM"이며, 생각-감정-오감을 넘어 내가 지금 존재한다는 절대적 존재 감이다. 이것은 순수의식이다. 생각 이전에 존재하는 고요한 근원 의식이다. 생각, 감정, 오감은 사라지지만 그 생각을 일으킨 근원의식은 사라지지 않는다.

둘째, 위 그림 왼편의 물자체物自體는 칸트의 용어이다. 칸트는 우리가 물질의 원형을 영원히 알 수 없다고 했는데, 원형 그 자체는 절대계의 개념이기 때문이다. 사물이나 물질의 본질에 해당하는 원형을 그는 '물자체物自體'라고 불렀다. 이는 플라톤의 이데아idea도 유사한 개념인데, 우리는 절대계초월계에 존재하는

〈그림 1〉 칸트와 불교: 의식과 존재의 비밀

자료: 윤홍식, "법공, 의식과 존재의 비밀"에서 인용

물자체는 볼 수 없고, 우린 언제나 우리 마음에 투영된 것들만 재해석하여 보게 된다.

우리는 물자체를 못 보는 것뿐이지, 그 어떤 것도 없다는 뜻은 물론 아니다. 개체적 몸유근신, 有根身도 없는 것은 아니다. 개체적 몸이 활동하는 세상기세간, 器世間도 없는 것은 아니다. 하지만 이러한 자아我나 세상法은 심층마음으로 인해 현상계에 펼쳐진 존재들이다. 따라서 이들은 정신심층마음, 순수의식처럼 실재하지 않는다.

가령, 꿈속에서도 시간성, 공간성, 이원성, 인과성은 모두 있지만, 꿈에서 깬 순간 실재하지 않는 것처럼, 그리고 게임 세상에서도 그 모든 것은 존재하지만 접속을 끊는 순간 실재하지 않는 것처럼, 표층의식에서 펼쳐진 온갖 만물상들은 심층마음의 변전變轉으로 인해 드러난 모습들이다.[72]

존재의 근원

존재의 근원은 심층마음이며, 무한한 빛의 공간이다. 텅 비어 고요한 가운데 신령스럽게 아는 공적영지靈知가 존재의 근원이다. 그대가 고요함으로 깨어 있으면 마음은 본질로 들어가면서 근원에서 깨어 있게 된다. 텅 비어 고요하면서 신령스러운 영지靈知, 밝게 알아차림가 그대 존재의 근원이다.

절대계의 심층마음심층의식, 순수의식가 없으면 현상계는 성립되지 않는다. 생각, 감정, 오감만 몰라![73] 하고 내려놓으면(단지불회但知不會하면), 혹은 현상학[74]을 창시한 후설E. Husserl의 표현대로 괄호로 묶어 버리면, 심층마음심층의식, 순수의식만 남는다.

『대승기신론』에서는 다음과 같이 말한다.

진여심층마음, 순수의식만 실재하며, 모든 주관, 객관, 인식 작용은 동시에 나타나지만 조건이다 하면 사라진다. 무명이 소멸되면 마음에 망념이 일어나는 것이 없어지고 따라서 경계가 사라진다.[75]

심층마음은 우리들의 생각 이전 자리에 존재하는 근원 의식이다. 언어와 시비가 끊어진 자리이며, 생각 이전의 근원 의식이다. 감각이 일어나는 근원이 보이는가? 소리가 들리면 그 소리가나온 근원 자리를 보라.

따뜻한 물이 넘치는 욕조에 몸을 한번 담가보라. 온몸의 긴장을 풀고 고요한 상태에서 소리에 한번 집중해보라. 무슨 소리가들리는가? 주변의 자잘한 소음, 물이 넘치는 소리, 혹은 콸콸 솟아오르는 모양도 보이는가? 그 소리는 어디에서 나는가? 모양이나온 고요한 근원은 어디인가? 침묵으로 존재하는 그 고요한 근원은 어디인가?

지금 바로 찾아보라. 어디인가! 한 손으로 치는 손뼉 소리는어디에 있는가?

PART 3

밝은
알아차림

영성은 우리로 하여금 신을 경험할 수 있도록 인도해 준다. 그러한 깊은 성찰의 결과로 삶의 방식이 바뀌고 눈에 보이는 것을 초월하여 전체를 밝은 알아차림으로 인식할 수 있도록 안내해 주는 것이다.

— 조앤 치티스터, 『무엇을 위해 아침에 일어나는가』

나는 누구인가

세상에는 보이는 것과 들리는 것이 있다.
보이고 들리는 것에 매몰되지 말고,
그 보고 듣는 성품을 바로 돌이켜 직관하라.

심층마음: 진정한 성품

심층마음은 마음의 자기지自己知이다. 마음의 본래 자각성이며 본래 깨어 있는 성품이다. 대상에 매몰되지 않고 바로 아는 성품이다.

몸이나 바깥 대상들은 내가 아니다. 가령, 보이는 것, 소리, 향기, 맛, 촉감, 대상[76]들은 내가 아니다. 마음의 요소들도 내가 아니다. 가령, 느낌, 지각, 의지, 생각[77]은 내가 아니다. 이들은 심층마음에 의해 파생된 개체의 몸과 정신적 작용들이다.

마음에 불편함이 일어나면 왜 그런지, 그것이 어떤 과정으로 진행되는지를 관찰하라. 일어났다가 결국은 사라질 것이다. 그것을 경험으로서 축적하면 지혜가 된다. 대상은 결국 사라지지만 사라지지 않는 것이 있다. 보고 듣고 아는 성품이다. 바로 이것이 심층마음이며 그대의 진정한 성품이다.

> 지止로써 표층의식보다 더 깊은 심층마음으로 내려가고, 관觀으
> 로써 그 심층마음의 활동성, 우주만물과 하나로 연결되어 있는
> 심층의 에너지를 호흡하고 느끼고 자각하는 것이다.[78]

진정한 '나'는 누구인가?

'나'란 '나는 누구지?'하고 생각할 때 마음속에 떠오르는 바로 그 심상이다. 그런데 이 심상은 뇌에서 상상한 허구적 심상이다. '나'를 몸과 마음으로 동일시하는 왜곡된 이미지이다. 이것을 분해해서 바른 견해를 찾아보자.

우리는 어렸을 때부터 나, 나, 나[79] 하면서 살아왔다. 내가 밥을 먹고, 내가 학교에 가고, 내가 공부를 했다. 방과후에도 내가 놀고, 배고프면 내가 밥을 먹었다. 그런데, 그 '내가', '내가' 하는 느낌이 이 몸과 동일시되어 있다.[80]

하지만 한번 곰곰히 살펴보자. 우리 몸은 7년마다 모든 세포가 완전히 바뀐다고 한다. 그런데 '나'라는 정체성뭔지 모르지만 어렸을 때부터 지속되어온 그 정체성도 7년마다 바뀌었는가? 또, 어렸을 때에 비해 나의 육체는 많이 커졌다. 그런데 '나'라는 정체성도 비례해서 커졌는가?

그렇다면 내 마음은 어떨까? 내 마음이 '나'일까? 나의 생각,

감정, 느낌은 수시로 변한다. 그렇다면, 이러한 나의 마음들이 진정한 '나'일까? 그게 진정한 '나'라면 '나'도 생각, 감정, 기분이 바뀔 때마다 바뀌어야 하는데, 그 '나'라는 알 수 없는 정체성은 그대로 있다.

그렇다면, 무엇이 진정한 '나'일까?

> 진정한 '나'는 그동안 내가 나라고 무심코 (혹은 교육을 통해) 잘못 알아왔던 내 몸과 마음이 진정한 내가 아니라는 점이 가슴을 통해 체득되었을 때, 그리고 그동안 몸과 마음을 '나'라고 여겼던 뿌리 깊은 착각에서 벗어날 때 드러난다. 그럴 때 우리는 몸과 마음이 아닌 그 '무엇,' 알 수 없지만 분명히 있는 그 '무엇'을 알게 된다. 찾으면 딱히 찾을 수 없지만, 늘 거기 존재하는 그 '무엇'이[81] 바로 진정한 '나'이다.

진정한 '나'는 전체가 하나로 열려 있으며 고요하고 텅 비어 있되 뭔가를 바로 알아차리는 그 '무엇'이다. 신령스럽고 밝게 아는 공적영지의 마음이다. 그걸 우리는 심층마음의 근원과 진여, 순수의식, 참나, 불성이라고 부른다.[82]

진정한 성품에 대한 깊은 통찰

세상에 태어나 배우는 개념들은 모두 대상을 향한 지식이었다. 가정에서도 학교에서도 배우는 모든 지식이 그랬다. 처음 배우는 단어들, 가령 엄마, 아빠, 자동차, 비행기, 개, 고양이 등이 모두 그랬다. 모두 대상들이다.

한편, 한 번도 보는 성품을 돌이켜보라고 가르쳐주는 사람은 없었다. 자신을 돌아보고 보는 성품을 직관하라고 가르쳐 준 사람은 없었다.[83] 학교 공부도 그랬다. 주로 개념을 암기하고 그것으로 시험을 치는 일이 거의 전부였다. 모두 대상을 암기하고 이해하는 공부였다. 그러다 보니 인지적 지능은 늘어났지만 자신을 진정으로 이해하고 세상을 통찰하는 일은 뒤처지게 되었다.

대상에 대한 주목은 대상에 대한 집착을 키운다. 사람이든 물건이든 비교 분별하는 마음이 우선적으로 발달하게 만든다. 내 인생에서 무엇이 정말 중요한지, 진정한 행복을 위해서는 무엇이 필요한지에 대한 가치관도 흐려지게 된다.

따라서 대상으로부터 떨어져 대상을 보고 듣고 아는 성품에 대한 공부가 필요하다. 자신의 심층마음을 돌이켜 직관하는 공부가 필요하다. 이것이 진짜 공부이며, 정책학에서 말하는 인간의 존엄을 발견하는 방법도 여기에서 출발한다.

진정한 성품을 돌이켜 직관하라

진정한 성품은 대상과 다르다. 대상에 매몰되지 말고, 대상을 아는 심층마음 자체를 곧장 직관하라. 심층마음의 근원 자리에서 진정한 성품 자리를 지혜直觀知로써 확인하라.

우리에게는 고요하고 텅 빈 자리가 있다. 평화롭고 고요하지만 각성되어 있다. 그 고요하고 깨어있는 성품 자리를 '보는 것'이 견성이다. 아는 대상, 보는 대상, 듣는 대상에는 성품이 없다.[84] 대상을 바라보는 자에게 성품이 있다. 더 정확하게는, 대상을 바라보는 그 자리에 진정한 성품이 있다.

보고, 듣고, 아는 성품을 곧장 직관하라. 대상들을 알아차리는 바로 그 자리, 당처當處를 직관하여 지혜로서 아는 것이 견성이다.

피정retreat이란 곧 고요함으로의 복귀이다. 몸과 마음을 쉬고 내려놓아 아무 일 없는 그 자리를 회복하는 것이다. 전체를 자각하고 텅 빔 속에 깨어 있으라. 그 때 심층마음이 드러난다. 텅 비어 있는 그리고 밝게 알아차리는 진정한 성품이 드러난다.

Chapter 7

생각의 허구성

본성을 자각하라. 본성은 텅 빔과 형태 없음이다.
그 텅 빔과 형태 없음을 관찰할 때 생각의 허구성은 무너진다.

심층마음: 본성을 자각하라

모양이 있는 것은 모양이 없는 것과 함께 있다. 소리는 소리 없는
것과 함께 있다. 동전의 양면처럼, 그 둘은 만날 수 없지만 함께
있다.

하지만 모양과 소리는 모두 나타난 현상이다. 그 드러난 현
상 이면에 항상 함께 하는 드러나지 않은 본질이 있다.

불교 경전에서는 심층마음을 강조하고 있다.

불교는 일반 중생의 마음이 자타, 시비, 선악을 분별하는 표층의
식에 국한되지 않고, 그 심층에서 온갖 분별을 넘어 일체를 나와
하나로 자각하는 전체의식, 심층마음, 일심을 강조한다. 심층마

음은 본래로부터 깨어 있는데 이것을 본각 혹은 진여라고 한다.[85]

"보고 듣고 아는" 이것은 무엇인가? "밝게 알아차리는" 이것은 무엇인가?

모양과 소리를 아는 것이 있다. 그런데 이것은 주체도 객체도 없이 그냥 있다.[86] 시간과 공간을 지정할 수 없는 것이다. 이것은 대상이 나타나자마자 그냥 안다. 드러남과 함께 "저절로 알게 되는 것이다."[87] 그 저절로 알아지는 일에 눈 뜨고 차츰 밝아지는 것이 공부다. 그 결과, 우리는 가벼워지고, 텅 비고 순수한 공간에서 고요하게 존재한다.

'나'라는 생각의 허구성

크리스 나이바우어는 최근 재미있는 책을 내놓았다. 『자네, 좌뇌한테 속았네!』라는 제목의 책에서 현대 심리학과 신경과학의 연구를 통해 우리가 '나'라고 생각하는 자아가 사실은 실체가 없는 허구임을 밝히고 있다.[88]

이것은 "두 귀 사이, 그리고 두 눈 뒤에 떡하니 앉아서 이 몸을 '조종하는' 바로 그자다. 이를 통해 우리는 생각하고 느끼고 살아간다. 그것은 관찰하고, 결정을 내리고, 행동을 한다. 이 조종사 자아는 스스로 인생을 주도하고 있다고 여기며, 상당히 안정적이고 변함없이 유지된다고 느낀다. 그리고 이러한 육체에 대한 지배를 통해 자아는 이를 '내 몸'이라고 인식한다."[89]

하지만 저자는 자아라는 개념이 단순히 마음의 구조물에 불과하다고 말한다. 머릿속 어딘가에 위치하는 물질적 실체가 아니라는 것이다.

"생각 자체가 자아라는 현상을 만들어낸다는 것이다. 한마디로 생각이 없다면, 실은 자아도 존재하지 않는다."[90]

좌뇌는 비교 분별하고 판단 혹은 취사선택 작용을 하는, 소위 "분별하는 마음"을 만들어 낸다. 이는 끊임없이 비교 분별하면서 이러한 생각의 흐름을 통해 허구적 자아를 만들어낸다.

생각의 허구성에서 벗어나는 힘

이러한 생각의 허구성을 벗어나는 방법은 무엇일까?

먼저 심층마음을 찾고, 그 힘을 강화하라.

심층마음은 우리 생각이 일어나는 근원에 있다. 이것은 생각과 분별 이전의 자리이다. 우리는 보자마자 즉시 "아는 것"이 있다.[91] 그것은 심층마음의 근원이다. 그것을 늘 직관하라. 그리고 그 힘을 키워나가라.

한번 조용히 숙고하면서 사유해보라.

고요히 하라. 고요히 하라. 어둠이 깊어질 때 새벽의 고요 속에서 그대는 보게 되리라. 그 침묵의 힘. 고요하게 텅 빈 적막 속에서 그대는 비로소 알게 되리라. 사물과 대상들을 움직이는 보이지 않는 그 힘을.

그 힘과 친해지라. 보이지 않는 힘을 즉시 알아차리라. 저절로 알아지는 그 미세함 속에서 점차 익어 가리라. 깊은 침묵의 시간 속에 오래 머물라. 그대의 오감은 더욱 생생해 질 것이며, 마음은 더욱 평안해 질 것이며, 삶에 대한 감사와 기쁨은 더욱 늘어날 것이다.

좌뇌의 허점

좌뇌는 "사물에만 초점을 맞추고, 이름표를 붙이고, 분류한다. 그러고는 거기서 어떤 의미를 뽑아내려 애쓴다. 지각 능력을 동원하여 분류하고, 패턴을 찾아내려고만 한다. 그러한 일에 너무나 익숙한 나머지, 그와는 다른 방식으로 세상을 보기가 어렵다."[92] 한마디로 여백이나 배경, 그리고 텅 빈 공간, 여유로운 생각 등은 애써 의미를 부여하지 않는다. 이것이 좌뇌의 허점이다.

텅 빔emptyness과 형태없음formless을 보라. 정견으로 이들이 원래 조건이 없었다면 실체가 없었음을 관찰하라. 텅 빔과 형태없음은 좌뇌가 가장 싫어하는 일이다.[93] 못 견뎌 한다.

자기가 늘 분류하고 해석하면서 확실함을 부여해 왔던 습관과 다르기 때문이다. 결국에는 고정적이라고 생각했던 것들이 무너진다. 영혼의 고요 속에서, 그 깊은 고요함 속에서, 텅 빈 침묵을 만나면서 허구적 자아는 끝내 무너져 내린다.

인식의 과정

우리의 인식은 두 단계의 과정을 거친다. 사물과 대상을 보고 바로 아는 1차 인식一心과 이를 걸러 자기의 기억과 경험을 토대로 분별하고 재해석하는 2차 인식二心 과정이 있다.

1차 인식은 심층마음[94]에 의한 알아차림이다. 이것은 그냥 아는 마음이다. 마음이 이미 마음을 안다. 보는 즉시 듣는 즉시 아는 마음이 있다. 하지만 2차 인식은 표층의식[95]에 의해 분별하는 마음이다. 이것은 자기식대로 분별하고 해석하여 자기에게 이로운 것만 집착하는 마음이다. 이는 좌뇌의 작용이다.

> 모양, 소리, 냄새 등 대상에 마음이 뺏기지 않으면 나와 우주는 한 몸이다. 분리되지 않는다. 한 생각과 분별이 일어나면서 나와 너, 나와 세상, 대상들을 분리한다.

모두를 위한 직관과 창의성

감각과 지각

우리의 인식이 일어나는 과정을 살펴보면, 전오식前五識에서 먼저 감각感覺이 일어나고 조금 후에 제6의식이 지각知覺한다. 순수한 감각이 먼저 발생하고, 제6의식에 의해 분별하고 해석하는 지각 작용이 뒤따른다. 따라서 감각을 일심一心, 뒤따르는 지각을 이심二心이라고 할 수 있다.

> 일심 작용은 심층마음에서 일어나는 순수한 감각이다.[96] 이것은 표층의식이 아직 개입하기 전이다. 눈, 코, 귀, 입, 몸에서 일어나는 다섯 가지 순수한 감각이다. 하지만 우리는 흔히 이 순수한 감각 작용을 놓치고 있다. 바로 뇌의 분별 작용이 개입하고 계산이 들어가기 때문이다. 그리하여 순수한 감각 작용에서 일어나는 순수한 직관을 놓치게 된다.

밤하늘의 반짝이는 별을 보라. 아침저녁으로 우는 풀벌레 소리, 숲속에서 지저귀는 맑은 새소리, 혹은 산사의 풍경소리, 맑은 시냇물 소리, 계곡의 폭포, 어린아이의 해맑은 웃음에서 우리는 순수한 행복을 발견한다. 이 모두가 우리의 심층마음에서 일어나는 순수한 감각들이다.

개아와 전체

> 내 눈앞에 나타나면 있다고 느끼고 내 눈앞에서 사라지면 없어
> 졌다고 느낀다.
>
> — 개아와 전체

우리는 습관적으로 개체들을 분별하여 인식한다. 전체와 분
리된 개체가 있다고 생각한다. 내 몸을 중심으로 나라는 개아個我
가 있다고 느끼고, 나와 다른 사람이 있으며, 나도 너도 아닌 동물
이나 물질들이 있다고 생각한다. 자꾸 구분하여 보는 것이다.

그리하여, 개아의 태어남과 사라짐이 있다고 생각하고, 그 태
어남과 사라짐, 생사生死에 따른 고통을 느낀다. 내 눈앞에 나타나
면 있다고 느끼고, 내 눈앞에서 사라지면 없어졌다고 느낀다.[97]

우리의 인식체계가 그렇게 되어 있어 자꾸 구분하여 분별하고
자기 방식대로 의미를 부여하지만 진여자성의 법계는 이대로
여실하게 흘러갈 뿐이다. 눈앞에 나타나면 태어났다고 하고 눈
앞에서 사라지면 애통해하지만, 원래는 태어난 바도 사라진 바
도 없는 것이다.

지금 여기서 '나'를 자각해보자. 그리고 '나'라고 한번 불러보
자. 그 '나'는 전체와 구분되지 않는다. 전체와 따로 뗄 수가 없다. 어

모두를 위한 직관과 창의성

디까지가 나인지 분별되지 않는다. 또 시간도 없다. 어릴 때의 '나'나 지금의 '나'는 변하지 않았다. 다만, 착각하여 분별했을 뿐이다.

Chapter 8

깨어 있는 마음

현재에 집중하고 온전한 자신이 되어보라.
지금 이 순간에 집중해보라.
— 라이언 홀리데이, 『스틸니스』

심층마음: 깨어 있는 마음

그대는 지금 무한 속에서 영원을 보고 있는가? 그것은 생각이 일어나는 고요한 근원이며 생생하게 살아있는 인식이다.

우리는 현상계와 절대계를 동시에 직면하고 있는데, 절대계의 참나, 존재, 순수의식은 우리의 심층마음으로 작용하고 있고, 현상계의 에고, 개체, 생각은 우리의 표층의식으로 작용하고 있다.

심층마음에서는 순수의식이 발현되는데, 그것을 기본적으로 고요하고 텅 비어 있으며 밝게 알아차리는 의식이다. 이러한 깊은 의식에 접속하는 것이 핵심이다.[98]

심층마음은 우리의 생각이 일어나는 고요한 근원 자리이다. 말과 언어가 끊어진 자리, 생각과 분별이 끊어진 자리이다. 생각이 일어나고 있는 근원, 소리나 냄새가 나는 그 근원에 주목하라. 거기 아무 일 없이 고요하게 존재하는, 그리고 늘 그 자리에서 존재해 온 깨어 있는 의식에 주목하라. 그것이 그대의 순수의식이며, 늘 존재하는 심층마음[99]이다.

이처럼, 불교수행에서는 표층의식과 심층마음을 구분하고 있다.

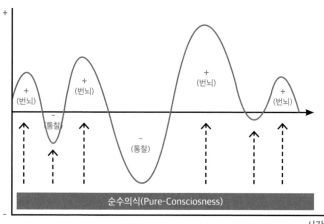

〈그림 2〉 심층마음: 깨어 있는 마음

불교는 표층의식(제6식)이 우리 마음활동의 전부가 아니라는 것을 안다. 나와 너, 선과 악, 청정과 염오로 이원화되기 이전, 일체의 분별이 시작되기 이전, 이 우주 만물을 전체를 하나로 알고 하나로 느끼는 그런 포괄적 의식, 전체의식이 일체 분별의식의 바탕으로 모든 중생심 안에 깨어 있음(본각)을 아는 것이다.[100]

그대의 살아있고 깨어 있는 의식이 그대 정신의 본체이다. 그것이 우리 내면에 존재하는 심층마음이다. 눈앞에 텅 비어 있고 무한대로 펼쳐진 의식, 내가 존재하고 있다는 생생한 존재감, 이것이 그대의 심층마음이다.

칸트와 불교

칸트는 인식 대상이 인식 주체의 외부에 존재하는 것이 아니라 이미 인식 주체의 내면에 있다는 것을 간파했다. 내 눈앞에 펼쳐진 세계는 나의 감각기관을 통해 재해석된 것들이라는 것이다. 또한 인간 안에 표층의식을 넘어 심층의 마음활동이 있다는 것을 밝혔다. 인간의 "마음활동을 심층과 표층으로 구분하고, 심층의 관점에서 표층의식과 그 대상세계는 심층자아가 구성한 현상에 불과하다는 것"[101]을 체계적으로 밝혔다. 이러한 심층마음에서의 보편의식을 표층의 '경험적 자아'와 구분하여 '초월적 자아'라

고 불렀다.[102]

　이는 불교이론과 견해를 같이한다. 나자아와 세상법은 표층의식에서 실재하는 것처럼 보이지만, 사실은 심층 아뢰야식의 결과로서 나타난 표층에서의 현상일 뿐이다. 제8아뢰야식이라는 심층 마음自體分은 견분見分과 상분相分이 발현시키는데, 견분은 제7말나식과 결합하여 자아라는 견해유근신를 발생시키고, 상분은 세상이라는 견해기세간를 발생시킨다.[103] 즉, 아뢰야식의 심층적 활동의 결과로써 나유근신와 세계기세간가 발현되는 것이며, 나라는 자아유근신과 세상이라는 법기세간은 모두 청정한 식識인 심층 아뢰야식의 변전變轉 결과로 나타난 깊은 의식의 투영물들인 것이다.

　그렇다면, 불교의 가르침과 칸트의 이론은 동일한 것일까? 그렇지는 않다. 몇 가지 차이를 살펴보자.

　첫째, 칸트는 초월적 자아는 자신을 대상화하여 직관할 수 없기에 스스로를 인식할 수 없다고 설명한다. 이에 반해 불교는 세친의 유식이론처럼, 우리 마음의 활동은 단절적인 표층의식으로만 끝나지 않고 그보다 더 심층에서 자아와 세계를 하나로 엮어내는 미세한 마음의 활동이 존재하기 때문에[104], 그리고 영가 현각스님의 표현처럼, 마음이 마음을 이미 아는 자기지自己知가 존재하기에, 또한 보조국사 지눌스님의 표현처럼, 마음은 대상이 존재하지 않는 공적한 순간에도 밝게 비추어 스스로를 아는 공적영지空寂靈知의 마음이 존재하기에, 초월적 자아인 심층 아뢰야식은 자신을 대상화하지 않고도 전체로서 통각하며 직관할 수 있다.

둘째, 칸트의 이론이 철학적 사유라면, 불교는 고통을 소멸하는 실천적 행위에 대한 가르침이다. 심층 아뢰야식의 발현으로 인해 겉에 나타난 표층적인 의식으로서 나와 세상이 존재하는 것임에도 불구하고, 우리는 흔히 이러한 심층 마음의 작용을 간과하고 표층에 드러난 나와 세상에 집착한다. 표층의 드러난 대상을 실체로서 집착함으로써 파동적 연기로 보기 보다는 입자적 실체로 보는 것이다. 그 결과 비교하고 분별하고 취사선택하는 집착심을 일으켜 번뇌와 고통에 빠지게 된다. 불교의 가르침은 이러한 이치를 믿고 이해하고 실천하고 증득하게 만드는 실천적 교리를 제시하고 있다.

불교의 핵심

불교의 핵심 가르침은 중생의 고통이 근본적으로 어떻게 생겨났는지를 이해하고, 그 근본적 원인을 소멸시키는 것이다.

먼저, 고집멸도苦集滅道의 4성제와 12연기에 대한 근본적 이해를 통해 고통이 왜 생겨나는지를 바로 이해해야 한다. 불교에서는 고통을 4고苦와 8고苦로 설명한다. 생로병사生老病死라는 4가지 근본적 고통을 4고苦라고 하고, 이에 추가로 4가지를 더하여 8고苦라고 한다. 추가적인 고통 4가지는 1) 애별리고愛別離苦: 사랑하는 사람과의 이별, 2) 원증회고怨憎會苦: 미운 사람과의 피할 수 없는 만남, 3) 구부득고求不得苦: 원하는 것을 모두 얻을 수 없음, 4) 오온성고五蘊盛苦: 몸과 마음도 내 뜻대로 되지 않는 데서 오는 고통을 말한다.

무상無常, 고苦, 무아無我를 알고 정견을 얻어, 무명無明에서 벗어나면 집착하지 않게 된다.

무명無明이 경험行과 분별識을 낳고, 감수受 작용을 통해 애착愛과 취하는取 마음이 생겨 내 마음 세계에 현상이 창조되고有, 이에 따라 노병사老病死가 발생한다는 것을 알기 때문이다(12연기). 무명으로 인해 내주체, 六根가 있고, 대상六境도 있다고 생각한다. 대상에 대한 분별은 의식六識에서 거의 자동적으로 일어나는데, 바로 취사取捨 간택揀擇하는 마음이다. 이러한 경험으로 인해 애착이 일어나고, 취取하는 마음이 생겨 집착과 고통을 일으킨다.

그렇다면, 이러한 이론을 정확히 꿰뚫어 이해하면 내 마음의 고통은 사라지게 될까?

일단 훨씬 줄어들 것이다. 고통의 원인과 그것이 일어나는 과정을 체득하면 훨씬 완화될 것이다.

하지만 핵심은 힘과 지혜[105]에 있다. 앞에서 누차 강조한 바와 같이 깨어 있는 수행을 통해 심층마음을 찾고, 이러한 수행이 깊어져서 힘과 지혜가 증가하면 삶은 바뀌게 된다.

불교와 뇌과학

불교에서는 마음을 "찰나 찰나 생멸하는 한 점 식識의 흐름"[106]으로 본다. 주의注意, 念를 수반하면서 매순간 요동친다. 한 점 식識이 명멸을 일으켜 빛의 현상을 나툰다. 이를 의상조사는 법성게에서 "일미진중함시방一微塵中含十方"이라고 표현했다. 일미진一微塵이 객관이고, 함시방含十方이 주관이다.[107] 한 톨 티끌 속에 동서남북 우주 전체가 다 함유되어 있다. 마음도 그렇다. 한 점 식識의 흐름으로 입체적 현상을 나타낸다. 한 점 식識이 빠르게 진동하면서 선이 되고 면이 되며 입체적 형상을 나툰다.[108]

> 뇌의 작용을 fMRI와 같은 첨단 장비를 통해 자세히 관찰해 보면, 찬란한 영상을 보여줄 경우 뇌의 후두엽에 해당하는 시각중추가 빛의 명멸로서 활성화되며, 황홀한 음악을 틀어줄 경우 뇌의 측두엽에 해당하는 청각중추가 빛의 명멸로서 활성화되는 것을 알 수 있다.[109] 이처럼 우리의 마음은 명멸하는 한 점 식의 작용 혹은 흐름이라는 것을 알 수 있으며, 이러한 흐름과 작용의 결과로 1차원적인 점의 명멸이 입체적인 홀로그램으로 우리의 감각기관 앞에 시현되는 것이다.

우리가 어렸을 적 쥐불놀이할 때의 선화륜旋火輪처럼, 불씨를 담은 깡통을 돌리면 커다란 불의 고리가 형성되듯이, 사실은 명멸하는 점들의 작용임에도 불구하고 입체적 형태로 보이는 것이다. 이는 텔레비전의 브라운관의 작용과도 같다. 브라운관 내에서 초당 75회의 직선 전자파를 쏘지만 이들이 빠르게 상하, 좌우로 이동 혹은 진동하면서 화면에는 입체적 형상으로 나타나는 것이다.[110]

> 불전의 가르침에 의하면, "이곳에서 죽는 순간 마지막 찰나의 심신 세포사음, 死陰가 중음中陰을 거쳐 다른 곳에서 형성된 수정란 생음, 生陰에 반영되면서 윤회가 이루어진다고 한다. 이곳에서 죽는 순간 몸이 사체로 변하면서 모든 감관이 닫히고 신경활동의 작용이 끊겨 꿈의 환영도 나타나지 않아 뇌 속이 칠흑과 같이 어두워지면 뇌 속의 어느 신경세포에 머물던 마지막의 식識은 그곳을 벗어나 먼 곳 어딘가에 형성된 다른 수정란 세포로 옮겨 간다."[111]

죽는 순간 몸의 모든 감각기관이 닫히고 신경이 끊겨 뇌 속이 칠흑과 같이 어두워지면[112] 마지막 찰나의 심신 세포사음, 死陰는 두려움에 빠진다. 뇌파는 마음이 가라앉을수록 진동의 횟수가 줄어들면서 알파파, 세타파, 델타파 등으로 안정화된다. 마음에 탐심과 분노의 정도에 따라 마지막 찰나의 식의 요동이 정해진다.

불교 수행의 요체는 번뇌의 멸진에 있으며, 번뇌의 핵심은 탐심과 분노인 바, 번뇌의 멸진은 마지막 찰나의 식識의 안정화와 관련이 깊다. 숨길 수 없는 현상의 드러남이다.

불교와 깨달음

불교에서는 깨달음을 "일체의 번뇌가 모두 소멸된 상태"로 정의한다. 이를 열반涅槃, 해탈解脫, 적멸寂滅, 이계離繫라고 표현한다. 견성하여 성품 자리를 보았거나 본래 자리를 체득했다고 해서 완전한 깨달음이라고 보지 않는다.

> 진정 깨달았는지의 여부를 점검해 보고 싶으면 나에게 번뇌가 남아있는지 없는지를 살펴보면 된다.[113] 번뇌적 장애나 인지적 장애가 조금이라도, 혹은 꿈에서라도 남아있다면, 그건 완전한 깨달음의 경계가 아니다. 그래서 깨달음을 위에서처럼 이계離繫라고 표현했다. '계繫'는 어떤 속박이라는 뜻인데, 결국 중요한 것은 뇌의 속박으로부터 벗어났나의 여부를 살펴보는 것이다.[114]

초기 불교는 말한다. 내 개체적 몸과 마음이 원래 없었음을 알고, 이를 통해 번뇌와 집착의 불을 모두 끄면 그 결과로 고요함과 순수의식의 상태가 발현되는 것이지, 참나, 불성, 열반, 해탈이 따로 존재하는 게 아니라는 것이다.

후기 선불교禪佛敎는 최상승법으로 치고 나왔다. 중생의 고통을 즉시 내려놓을 수 있는 속성법速成法, short cut을 제시한 것이다.[115] 그것은 직지인심直指人心과 직하무심直下無心이다. 너의 마음이 곧 부처불성이니, 곧장 너의 마음을 찾으라는 것이다. 그리고 그 마음은 무심無心이면서 불성佛性이라는 것이다. 너의 고요하고 텅 빈, 그러면서도 알아차리고 있는 '그 무엇'을 곧장 찾으면, 거기에는 번뇌와 고통이 붙을 여지조차 없으니, 그게 곧 열반이요 해탈이라는 것이다.

화두에 집중하면, 차츰 생각과 번뇌는 없어지고, 오직 텅빈각성空寂靈知으로 들어가게 된다. 결국에는 이 성성적적惺惺寂寂한 '그 무엇'만 남게 된다. 그것은 나의 심층마음순수의식, 참나이다.

Chapter 9

초월의식의 바다

과학자의 눈과 철학자의 마음으로 세상을 보라.
인간 의식의 깊은 성찰을 통해 고요함과 텅 빔의 지혜를 깨닫게 될 것이다.
— 게리 주커브, 『영혼의 자리』

심층마음: 고요함의 기쁨

고요함의 기쁨이란 무엇이며, 무슨 의미가 있을까? 대자연의 고
요함이 주는 신성한 기쁨에서 우리는 어떤 안식을 얻을 수 있는
가? 이런 문제들에 대해 불교의 지혜는 어떻게 답하고 있는가?

불교는 심층마음이라는 통찰을 제시함으로써 내면의 고요함
에 이르는 길을 제시하고 있다. 현대 사회의 다양한 불안의 근원
적 원인이라고 할 수 있는 마음의 문제를 의식과 무의식을 통합
하여 수행하는 방법론을 제시하고 있다. 의식과 무의식 너머의 심
층적 차원으로까지 들어가 심층마음순수의식이라는 깊은 차원의 마
음을 제시하고 있다. 그리하여 내면의 평안에 이르는 방법론을 제
시하고 있는 것이다.

불교 경전에서는 심층아뢰야식의 작용에 의한 진여의 각성을 강조한다.

> 아뢰야식은 심히 깊고 미세하며, 일체 종자가 폭류와 같다. 무명에 싸여 분별하면 집착하게 되니 중생심에 떨어지며 진여에 밝아지면 온갖 경계와 분별상이 사라진다. 번뇌의 제7말나식은 제8아뢰야식의 견분을 연하여 아와 법으로 집착한다. 심층아뢰야식은 본래로부터 각성되어 있으니 이를 진여라고 한다.[116]

현대철학은 의식을 중심으로 연구되었다. 합리적 이성의 근대적 주체로 내세운 데카르트의 단일한 의식적 주체, 칸트의 선험적 주체, 흄의 판단적 주체 개념은 모두 의식(오성 영역) 중심의 철학[117]이다.

그런데 일찍이 불교는 의식과 무의식을 통합시킨 종교이다. 오감에 기초한 경험으로부터 오는 정보를 종합적으로 판단하고 분별하는 의식제6식의 문제와 이를 '나'라는 아상我相으로 연결시켜 판단하는 잠재의식제7식, 말나식의 문제와 이를 과거로부터 축적된 정보와 연결시켜 작용하는 무의식, 그리고 그 너머의 심층마음제8식, 아뢰야식의 문제[118]을 통합하여 제시하고 있다. 즉, 오온이 공하다는 이론아공과 함께 나의 대상인 세상도 공하다는 이론법공을 넘어 무한한 심층마음의 공간으로까지 확장하여 불성이 꽉 차 있다는 진여불성眞如佛性 이론을 제시한다.

진여와 생멸

우리의 마음은 두 가지 측면이 있다. 진여와 생멸이다. 진여는 나의 심층마음이고, 생멸은 나의 표층의식이다. 바다로 비유하자면 진여는 깊은 바다이고, 생멸은 바다 수면 위의 물거품이다. 바람이 불어 파도가 치면 거품이 일렁이지만 여전히 물거품도 바다이다. 그 전체가 한덩어리의 일심이다.

> 불교 수행의 핵심은 무위법無爲法이다. 세상 공부처럼 노력을 해서 목표를 이루는 것이 아니고 지금 이 순간 내 마음은 완전함을 깨닫는 것이다. 나는 지금 이 순간 근원이고 진여이다. 열심히 노력을 시간이 지나면 근원에 이르는 것이 아니고 지금 이 순간 근원이다. 이것은 관점의 변화paradigm change 요구하는 것이다.

이렇게 나의 의식을 근원심층마음에 두고 나는 진여라는 사실을 자각할 필요가 있다. 거품과 생멸은 원래 가라앉게 되어 있으므로 다시 사라짐을 보면서 수행의 확신은 깊어진다. 무명의 등불을 밝히면 어두웠던 천년 동굴도 한 순간에 밝아질 수 있는 것이다.[119]

고요함, 텅 빔, 밝은 알아차림

우리 인생이 약 80~100년 동안 방영되는 한 편의 드라마라면, 세상 공부는 모두가 유위법有爲法이다. 특정한 계획을 세우고 목표에 도달하는 등 모두가 이분법적인 설정이다. 여기서 저기가 있고 과거에서 미래로 가는 등 공간과 시간적인 설정이 있다.

하지만 무위법無爲法은 이렇게 생각하지 않는다. 발상 자체가 다르다. 일원론一元論인 것이다. 여기서 저기를 가고 부족한 나를 닦아 목표 지점에 도달하는 게 아니다. 바로 지금 여기에서 완전한 나의 의식을 발견하는 것이다. 이것은 지금 이 순간 나는 완전하다. 이 완전한 심층마음은 몸과 마음을 넘어서 있다. 단순한 나의 육체와 마음을 넘어서는 이 자리는 늘 텅 빈 자리이며, 고요하며, 밝은 알아차림으로 가득 차 있다.

나는 근원이며, 심층마음이다. 그리고 공적영지의 마음이다. 이곳에서 순수한 직관, 창의성, 통찰력이 나온다.

인간 의식에 대한 깊은 성찰

코로나-19 팬데믹이 전 인류의 생활을 황폐화시키고, 4차 산업혁명이라는 첨단기술이 급속도로 몰려오고 있는 지금, 우리가 다시 '불교 철학'에 주목하는 이유는 무엇일까?

전 세계를 휩쓰는 코로나 역병으로 인해 사람들의 일상이 무너지고 있고, 여행이나 무역 등 기본적인 세계질서가 흔들리고 있다. 4차 산업혁명의 급속한 진전으로 인공지능과 로봇의 발달은 인간을 위협하고 있다. AI나 로봇이 시대적 화두로 등장하면서 이들의 인지적 능력 확장에 초점이 맞춰져 있지만 인간의 심층마음이나 직관과 감성의 본질적 가치는 훼손되고 있다. '물질만능주의' 혹은 '과학만능주의'는 또 다른 신이 되고 있으며, 이로 인해 인간의 주체성과 독립성은 상실될 위험에 처해 있는 것이다.

이런 맥락에서 불교와 유교 등 동양 철학의 의미가 부각되고 있다. 불교 철학은 인간의 마음 구조를 그 심층적 차원으로부터 제시하면서 심층마음이라는 관점에서 나와 세상을 근원으로부터 조명하고 있다. 따라서 이러한 철학은 현대사회를 살고 있는 사람들의 불안이라는 문제를 구조적으로 도와줄 수 있다.

무엇이 인간다움인가? 무엇이 인간만이 가질 수 있는 인간의 심층마음인가? 하는 질문을 던짐으로써 인간의 '존엄'을 회복할 필요가 있다. 그리하여 보다 자유롭고 존엄한 휴머니즘의 시대를 열어갈 수 있는 철학과 사상적 기반을 제공해 준다.[120]

초월의식의 바다

먼저, 불교에서 말하는 공空의 세계에 대해서 한번 살펴보자.

공空의 세계란 무한의 세계이다. 초월의식과 진여眞如의 바다이다. 그곳에는 순수의식이 존재한다.

공空의 세계는 판단 중지를 통해 접속한다. 현재 내가 가지고

모두를 위한 직관과 창의성

있는 생각, 감정, 느낌에 대한 판단 중지가 없으면 들어갈 수 없다.

낮은 계界에서는 높은 계界의 차원을 인지하지 못한다. 1차원에서는 2차원을 인지할 수 없고, 2차원에서는 3차원을 인지할 수 없듯이, 3차원의 인간은 초월계를 인지할 수 없다. 그것은 오로지 생각과 분별이 나온 그 자리, 그러니까 판단 중지를 통해 순수의식에 들어갈 때 가능해진다.[121]

> 공空의 세계에 접속한다는 것은 부분적, 단절적, 분열적 자아로부터 전체적, 통합적, 초월적 자아의 세계에 접속한다는 의미이다. 표층의식인 에고에서 심층마음인 참나순수의식에 접속할 때 우리는 현존에 머물 수 있다. 이것은 순수한 마음이며, 텅 비고 무한한 의식이다. 고요하고 텅 비어 있으며 밝게 알아차림으로 가득한 마음이다.

원래 인간에게는 온전한 '정신'이 들어왔다. 그것은 분열되지 않은 전체로 연결된 순백의 자아였다. 그것은 순수한 알아차림으로 깨어 있는 인식이었다. 이러한 인식은 커가면서 자아가 견고해지면서 분열되기 시작했다. 하지만 우리는 그 순수한 전체성심층마음, 순수의식을 다시금 회복해야 한다.[122]

진여불성이 주는 지혜

진여불성이란 무엇인가? 그리고 그것을 알면 우리에게 무슨 도움이 될까?

우리에게는 진여불성[123]이 있다. 참되고 영원한 생명 그 자체가 있는 것이다. 그리고 그것은 나의 개체적인 육체에 국한된 것이 아니다. 나에게는 참되고 영원한 생명이 있고, 그것이 나의 심층마음이다. 작고 속 좁은, 그리고 제한적인 육체가 내가 아니고, 나는 무한하고 텅 빈 마음, 공적영지의 마음 그 자체이다.

진여불성은 내 몸 안과 밖, 테두리, 그 어느 곳에도 없는 곳이 없다. 머리끝부터 발끝까지 가득 차 있다. 나만 있는 게 아니라 모든 사람과 사물동물, 식물, 무생물 모든 존재에게도 가득 차 있다. 말하자면, 우주 전체는 진여불성으로 꽉 차 있는 것이다. 그 진여불성이 밝은 알아차림이다. 고요함, 텅 빔, 밝은 알아차림으로 표현되는 공적영지의 마음인 것이다.

나는 존재론적으로 불성으로 가득 차 있지만, 그것을 체험적으로 증득해야 한다. 이론적으로는 그러한데 현재 나는 그것을 느낄 수 없다면 태도의 변화attitude change가 필요하다. 수행이 필요하고, 또 존재하는 이유이기도 하다.

최상승법: 텅 빈 마음에 대한 직관

최상승법은 직하무심直下無心이다. 바로 이 자리에서 텅 빈 마음을 직시하는 것이다. 내 마음의 근원을 바로 알아 심층마음공적영지의 마음을 떠나지 않는 것이다.

> 세상에는 고정 불변한 것이 하나도 없다. 세상은 찰나 찰나 변하고 있는데, 우리의 생각과 마음은 거기에 매인다. 조건과 조건이 만나 잠시 그러할 뿐인데, 그것도 찰나로 변하고 있는데, 사물과 대상에 우리는 마음을 뺏기고 있다.

> "그냥 저절로 아는 것" 이외에는 모두가 허망한 그림자이다. 이것은 길 없는 길이며, 사유와 관찰의 길이며, "모양 없는 본성을 자각"하는 길이다.[124]

> 중국의 육조 혜능과 신수의 유명한 논쟁이 있다. 오조 홍인대사 밑에서 공부하던 두 사람은 어느 날 깨달음의 경지인 게송을 짓게 되었다. 신수神秀 대사가 먼저 "몸은 보리수요, 마음은 명경대로다. 부지런히 털어 내어 먼지가 끼지 않도록 할지니"라고 읊은데 대해, 혜능慧能은 "보리는 본래 나무가 아니요, 명경 또한 대가 아니다. 본래 한 물건도 없는데 어디에 티끌이 붙으리"라고 읊었다.

신수가 우리 마음의 생멸적 측면을 말한데 반해, 혜능은 우리 마음의 진여적 측면을 본 것이다. 신수가 마음의 표층의식을 말했다면, 혜능은 심층마음의 자기지, 본래적 각성을 말한 것이다.

　마음이라는 본래 텅 빈空 것이며, 마음의 렌즈틀 역시도 이름이 렌즈일 뿐 실체가 없어 본래 텅 빈空 것이다. 한 물건도 고정된 실체가 없다. 그것이 텅 빈 실상의 본모습이다.

Chapter 10

초의식

내가 비밀을 알려줄게. 아주 간단해.
그건 오로지 마음으로 보아야 제대로 볼 수 있다는 거야.

— 생텍쥐페리, 『어린 왕자』

심층마음: 초의식

태초에 초의식이 있었으니, 그것은 곧 신이었다.

만물이 그것을 통해 생겨났으니, 어떤 것 하나도 그것 없이는 생겨나지 않았다.

초의식은 무의식 너머에 있다. 무의식 속의 에고 목소리가 잠잠해지면 초의식이 드러난다. 에고가 할 말을 잊을 때 초의식이 드러난다. 그때 우리는 고요하고 텅 비어 있으며 밝게 알아차리는 심층마음이 된다. 텅 빈 가운데 각성되어 있다. 이것은 모든 인식의 바탕이다.

장엄한 광경 앞에 서면 우리는 전율을 느낀다. 우리 마음으로 감싸기에는 너무 큰 어떤 것, 그런 광경을 보고 있노라면 우리는 잠시나마 잘난체 하는 모습을 떨쳐내고 우리를 붙잡고 있던 습관과 진부함으로부터 해방된다.[125]

우리는 고요하여 사방이 깨어 있으며 마음은 하나로 모아져 집중될 때 심층마음에 들어간다. 소리나 형상은 듣거나 보는 대상이지만 대상이 없이 마음이 하나로 모아지면 듣거나 보는 대상이 없이도 마음은 그 자체로서 깨어 있다. 마음은 이미 마음을 알고 있는데, 마음은 본래적 각성이 있기 때문이다. 우리 마음은 심층에서 본각으로 존재하는데, 그것은 순수한 각성 혹은 순수의식이라고 부를 수 있다. 주객을 초월한 순수한 인식 작용이어서 초의식이라고 부른다.[126]

초의식의 근원: 고요함, 텅 빔, 알아차림

초의식이란 무엇일까?

초의식에서 초超란 의식을 초월한다는 뜻이다. 의식을 초월한다는 뜻은 생각이나 감정 이전의 의식이라는 뜻이다. 분별하지 않으면 고요함으로 들어가고, 고요함에서 깨어 있으면 초의식이다.

키워드는 고요함이다. 현대인들은 들떠 있는 경우가 많다. 생각,

모두를 위한 직관과 창의성

걱정, 잡념 등으로 들떠 있다. 이들을 고요하게 가라앉히고 분별하지 말라. 방 안에 조용히 홀로 앉아서 생각이 어디로 흐르든 내버려두어라. 고요하게 가만히 있어보라. 생각과 잡념의 대상은 자꾸 바뀌겠지만 결국 고요해진다. 고요해지고 맑아진 자리, 텅 비어 있으나 알아차리고 있는 그 순수의식, 그것을 초의식이라고 한다. 초의식은 심층마음의 순수의식을 파동의 관점에서 표현한 단어이다.

초의식, 심층마음, 불성은 모두 같은 뜻을 지닌다. 표층의식에서 분별하는 대상에 대한 의식이 아니라 심층마음에서 우주만물 일체를 하나로 알고 느끼는 포괄적 무한의식이며 전체의식을 파동적 관점에서 표현하여 초의식이라고 한다.

한편 초의식이 발동되면 참다운 자신의 모습이 각성되고 고요한 가운데 몰입되며 행복한 호르몬이 분비된다. 따라서 고요하고 텅 빈 가운데 밝은 알아차림으로 존재할 수 있고, 그러한 공적영지의 마음, 혹은 심층마음으로 존재하는 것을 초의식 혹은 순수의식이라고 부른다.

무의식 이론

> 개체가 인식하는 마음에는 현재의식, 잠재의식, 무의식이 있다.
>
> — 최준식, 『무의식에서 나를 찾다』

심층마음은 생명이며 존재이다. 이것은 또한 전체이다. 심층
마음이 있어 인간은 존재하게 되며, 윤생輪生의 삶을 사는 과정에
서 표층의식이 생겨나게 된다. 생각과 감정이라는 질료를 통해 표
층의식을 구성하며, 그것을 통해 우리는 인생이라는 현생의 삶을
살아나간다.

이때 개체가 인식하는 마음에는 현재의식, 잠재의식, 무의식
이 있다. 무의식은 우리들의 가장 깊은 속마음이다. 무의식에는
개체가 살아오면서 겪은 다양한 정보(종자)들이 담겨 있는데 이들
은 우리의 처신을 제약한다. 사회적 체면, 직장에서의 역할 기대,
가족들과의 전통적 관계 등 다양한 사회적 구조와 맥락에 쌓여
있는 우리는 결코 자유롭지 못하다. 내면의 진정한 자유로움을 방
해하고 있는 것이다.

의식연구의 권위자인 최준식 교수는 『무의식에서 나를 찾
다』[127]라는 저서에서 우리가 무의식에서 얼마나 자유로울 수 없는
지에 대해 잘 설명해 주고 있다.

사회적 통념으로부터, 직장으로부터, 가족으로부터, 혹은 다
른 사람의 간섭으로부터, 우리는 얼마나 비주체적인 삶을 살고 있

모두를 위한 직관과 창의성

는가?

우리들은 자신이 제자리에 있지 않아 불안해하며 초조한 나머지 다른 사람들을 끊임없이 흔들어댄다. 서로가 서로를 괴롭히는 것이다.[128] 자기의 제자리를 찾지 못했기 때문이다. 자신이 제자리에 있지 않아 불안해하며 초조한 나머지 다른 사람들을 끊임없이 흔들어댄다. 서로가 서로를 괴롭히는 것이다. 노상 이렇게 살고 있으니 주체적인 삶은 언감생심이다. 자기의 본모습을 알지 못하는 것이다.[129]

이처럼 어떻게 형성됐는지 그 연원은 정확히 알 수 없지만, "수없이 많은 다른 사람들의 생각에 파묻혀 횡설수설한다."[130] 그것이 오늘을 살고 있는 현대인들의 모습이다.

이것이 또한 에리히 프롬이 말한 '자유로부터의 도피'이다. 자유를 부여받았으나 진정한 자유가 두려워 오히려 반납하는 게 현대인들의 모습이다. 이렇게 사는 현대인들은 대부분 불안하고 초조하며 주체적인 삶을 살지 못하고 있다.

왜 사람들은 주체적인 삶을 살지 못할까?

주체적인 삶을 살지 못하는 이유는 무엇일까?

여러 가지 이유가 있겠지만, 심리적인 이유만 보자면, "앵무

새처럼 남의 장단에 놀아났기 때문이다. 자신이 누구인지, 무엇을 원하는지 그리고 자기가 가장 좋아하는 게 무엇인지 깊이 생각해 보지 않고 남들이 하라는 대로만 했기 때문이다."[131]

하지만 더 중요한 이유는 "자신의 내면을 바라보는 일이 힘들기 때문이다. 자신의 내면을 보려면 지혜와 용기가 있어야 한다. 지혜와 용기 같은 덕목을 갖추지 않으면 자신의 내면을 바라보는 일은 아예 되지 않는다."[132]

이처럼 현대인들의 삶은 비주체성非主體性을 특징으로 한다. 줏대 없이 흔들리는 삶, 괜히 불안하고 초조한 삶은 모두 현대인들이 자신을 너무 많이 의식하기 때문에 나타난다. 더 심해지면 노이로제로까지 발전된다. 노이로제 환자들은 성장하는 과정에서 "자신의 자율적인 세계가 과도한 침범을 받았기 때문에 병에 걸린 것이다."[133]

이처럼 최준식 교수의 무의식 연구[134]는 많은 것을 밝혀주고 있다. 개인의 심리적 불안과 비주체성을 설명하는 데 그치지 않고, 더 나아가 무의식과 불성佛性, 그리고 깨달음이 어떤 연결 고리를 지니는지에 대해서도 설명을 하고 있다는 점에서 많은 의미를 부여할 수 있다.

어떻게 해야 주체적인 삶을 살 수 있을까?

그럼, 어떻게 해야 자기 자리를 찾을 수 있을까?

가장 좋은 해법은 깨어 있는 삶을 실천하는 것이다. "깨어 있는 삶"이 무엇인지를 알아야 하고, 그게 왜 일상생활에서 그렇게 중요한 것인지를 알아야 하고, 이를 실천하는 방법이 무엇인지를 알아야 한다.

앎은 자유를 낳는다.[135] 심층마음을 안다고 해서 바로 자유로워지지는 않는다. 하지만 믿고 이해하게 되면, 그것은 자기 체험으로 이어지고, 체험하게 되면 진정한 앎이 될 것이다. 그러면 결국 자유롭게 된다信解行證.

내면의 확고한 주체성

내면의 주체성을 확립하지 못했다는 의미는 본성을 찾지 못했다는 것을 말한다. 자기의 심층마음을 찾고 깨쳐야만 내면의 주체성이 확고하게 자리 잡을 수 있다. 내면의 주체성을 확립하지 못했기 때문에 자꾸 흔들리게 된다.[136]

그렇다면 심층마음을 깨치려면 어떻게 하면 될까?

심층마음은 지금 바로 여기에 있다. 내가 닦아서 심층마음을 찾는 것이 아니고 심층마음은 지금 바로 여기에 있다. 그대가 지금 바로 고요하고 텅 빈 가운데 밝게 알아차리는 마음을 가지고 있다. 그것이 공적영지의 마음이며 심층마음이다. 생각과 번뇌는 있어도 상관없다. 지금 이 순간 그대의 고요한 마음, 텅 빈 마음, 밝은 알아차림, 바로 이것이 그대의 본성이다.[137] 이를 공적영지의 마음이라고 하며, 심층마음 혹은 초의식이라고 한다.

Chapter 11

초의식과 불성

고요함 속에서 깨어 있는 파동, 그것이 초의식이다.
그때 그대는 텅 비어 있으면서
신령스럽게 알아차리고 있는 불성佛性을 보게 될 것이다.

심층마음: 초의식

우리는 그동안 분별에 너무 익숙해 있었다. 학교에서 배운 지식이나 생각을 통해 분별하고 비교 판단하면서 또다시 우리의 지식은 저장된다. 하지만 우리의 참다운 지혜나 직관은 그러한 지식에 있지 않다. 그 너머에 있다.

그 너머란 어디인가? 그 너머란 생각 이전의 그 근원이 되는 고요한 의식, 언어와 분별이 끊어진 자리를 말한다. 그것은 심층마음이다. 우리가 의식의 중심을 이러한 의식의 근원 자리에 둘 때는 분별이 일어나지 않는다. 그것을 우리는 초의식이라고 한다.

우리는 바깥 사물을 관찰하거나 사건에 직면할 때 이 근원 자리를 종종 놓치게 된다. 사물이 존재하는 근원은 보이지 않고 사물만 관찰한다거나 다가온 사건에만 집중하게 된다. 그래서 종종 그 고요한 근원이 되는 실상實相을 놓치게 된다. 사물이나 사건은 인연 따라 왔다가 조건이 다하면 사라지는 표층의식의 생멸하는 대상인데, 우린 거기에만 집중하고 그들이 나온 심층마음의 근원 자리는 정작 놓치고 있는 것이다.

우리가 의식의 중심을 이 고요한 근원 자리에 두고 사물의 실상을 관조할 때 비로소 현존現存할 수 있게 된다. 그 의식 상태에서 보는 세상은 이대로 완전하며 아름답다. 심층마음 속에서 텅 비고 고요한 그러나 항상 밝게 알아차리고 있는 나의 초의식을 만나게 되면, 우리는 눈앞에 아무 일 없는 대자유인大自由人이 될 수 있을 것이다.

초의식으로 들어가기

우리는 판단 중지를 통해 고요하고 평화로운 상태에 들어갈 수 있다. 그곳은 열려있고 텅 비어 있으면서 고요하다. 어떻게 하면 고요하고 텅 빈 그리고 밝게 알아차리는 의식에 도달할 수 있을까?

그것은 우리의 심층마음에 들어가면 가능하다. 심층마음은 늘 열려 있고 광활하며 텅 비어있으면서 밝게 알아차리고 있다. 이것은 무의식에서 한 걸음 더 들어간 상태이다. 이를 공적영지의 마음 혹은 초의식이라고 한다.

> 공적영지의 마음을 초의식이라고 한다. 초의식은 우리 존재의
> 심층적 근원이다. 이를 불교에서는 심층 아뢰야식에 존재하는
> 불성이라고 부른다. 그것은 고요하고 평화로운 알파파를 넘어
> 더 깊은 심층 초의식으로 들어간 세타파와 델타파의 세계이다.[138]

이처럼, 무의식과는 차원을 달리하여 보다 더 깊고 심층적이
며 오묘한 자리를 초의식이라고 부른다. 초의식 상태에 들어가면
우리의 의식이 고요함과 깨어 있음으로 들어가면서 현재의 일상의
식과는 다른 순수의식 상태로 들어간다. 파동이 고요하고 평화로운
파동으로 바뀌면서 심층마음의 근원으로 깨어 있게 되는 것이다.

이처럼 심층 아뢰야식은 모든 정보를 다 함유하고 있는 장
식藏識이면서도, 동시에 부정적 정보를 넘어 여래불성가 될 수 있는
성품을 함유하고 있다고 하여 여래장如來藏이라고 부른다.

초의식과 현존

우리가 엄청난 광경, 몰입의 상태, 급박한 일 등을 직면할 때에는
초의식이 발동한다. 무의식의 에고가 침묵하는 것이다. 가령, 장
엄한 광경에 압도되었을 때, 우리의 의식은 순수의식 상태가 된
다. 에고가 얼어붙는 것이다. 또는 엄청난 몰입, 혹은 긴박한 사안

을 처리할 때도 나는 사라진다. 주관과 객관이 하나로 붕괴되는 것이다. 그 때 우리는 심층마음에 들어간다.

우리가 참선을 하는 것도 삶의 실상을 직관하기 위해서이다. 선정 체험 속에서 주관我과 객관對象이 사라져 원래 하나의 텅 빈 공간임을 자각하게 된다. 그러한 의식 상태는 순수하며 전체가 하나로 깨어 있는 초의식 상태이다.

나와 대상의 이분법은 표층의식 속에서만 존재할 뿐 심층마음의 바탕과 근원에서는 존재하지 않는다.[139]

초의식과 칼 융

칼 융이 말하는 인간 의식의 심층은 불교에서 말하는 심층마음제8 아뢰야식에 배대할 수 있다. 심층마음은 아뢰야식이다. 이는 소멸되지 않는다고 하여 무몰식無沒識이라고 하며, 인간이 숙세宿歲로부터 살아온 모든 정보를 저장하고 있다고 하여 장식藏識이라고 부른다. 우리의 심층마음에 종자로 담겨 있다가 일정한 시간과 조건이 숙성되면 다른 형태로 발현될 수도 있는데, 그래서 이것을 이숙식異熟識이라고도 한다. 한편, 이곳에는 온갖 마음의 씨앗種子들이 모두 담겨 있는데, 오염된 종자를 관리하는 염오식染汚識과는 별도로 이를 감싸고 있는 식識 자체는 청정하다고 하여 진여심, 청정심, 혹은 여래장如來藏이라고 부른다.

무의식에 관한 이론을 최초로 정립한 사람은 프로이트이다. 무의식을 공식적인 학술 주제로 다루면서 방대한 업적을 남겼다는 측면에서 프로이트는 "서양 지성사의 물줄기를 바꾸었다"[140]고 해도 과언이 아니다. 다만 그가 주장한 무의식 이론에서 결정적 흠집이 생긴 것은 무의식의 추동 근원을 성욕 혹은 리비도로만 봤기 때문이었다. 그러니 그가 묘사하는 무의식은 "부정적인 것투성이다. 억압되어 있기 때문에 호시탐탐 분출구를 찾고있다."[141] 그는 "동물적 충동과 억압된 트라우마가 가득한 무의식을 위험한 것, 위협적이고 악한 것"[142]이라고 생각했다. 이처럼 프로이트의 무의식은 "지혜의 원천이 되고 의식과 상호작용하는 그런 긍정적인 의미의 무의식이 아니었다."[143]

이런 가운데, 프로이트가 발견한 무의식을 긍정적으로 해석한 사람은 칼 융이었다. 무의식의 가장 심층적인 차원에서 그 초월적이고도 오묘한 영역을 학술적으로 처음 제시한 사람이었다. "융은 자신의 학문을 발전시키는 과정에서 불교의 만다라를 자신의 이론과 연계시켰다. 이 만다라는 인간 의식의 가장 깊은 심층부에 있는 깨달은 사람의 심층 마음자리, 진아 혹은 불성을 표현한 이미지였다."[144] 이렇게 볼 때 칼 융이 말하는 무의식은 프로이트 보다는 온갖 지혜가 담겨 있는 심층마음에 한 걸음 더 다가선 것으로 이해할 수 있다.[145]

칼 융과 불성의 자리

칼 융의 연구에 따르면, 우리의 무의식에는 억압된 감정이나 욕구, 충동과 같은 자아 콤플렉스들이 원형Archetype을 이루고 있다. 원형들은 그 종류도 다양한데, 개인무의식, 집단무의식, 아니마, 아미무스 등과 같은 것들이 우리 무의식 속에서 자아 콤플렉스의 요소로 자리 잡고 있다.

하지만 이러한 억압된 정보들을 모두 극복하고 넘어서면 마침내 진정한 자아Selbst, Self를 만날 수 있다는 점에서 칼 융의 이론은 매우 희망적이고 긍정적인 메시지를 담고 있다. 이를 불교이론

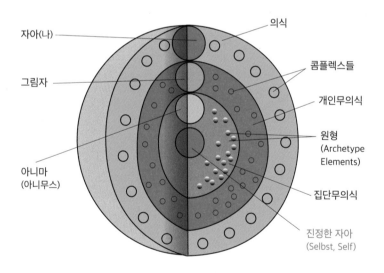

자아(나)

그림자

아니마
(아니무스)

의식

콤플렉스들

개인무의식

원형
(Archetype
Elements)

집단무의식

진정한 자아
(Selbst, Self)

〈그림 3〉 마음의 구조: 칼 융과 진정한 자아

과 한번 배대시켜 보자.

아뢰야식은 우리의 심층마음을 말하는데, 이곳에는 온갖 정보들이 마음의 씨앗처럼 담겨 있다. 앞에서 말한 것처럼, 오염된 종자들이 담겨 있다고 하여 염오식이라고도 하나 이를 감싸고 있는 식 그 자체는 청정하다.

불교에서 말하는 심층 아뢰야식은 정신분석학에서 말하는 무의식과는 차원이 다르다. 프로이트가 말한 개인 무의식은 불교에서의 아견유신견의 제7말나식에 해당한다고 볼 수 있다. 칼 융이 말한 집단 무의식은 개인 무의식보다는 한 걸음 더 들어갔다고 볼 수 있겠지만, 아직 심층 아뢰야식을 말한 것으로 보긴 어렵다. 심층 아뢰야식은 오염된 종자를 관리하는 무의식染汚識을 넘어 그 종자들을 포괄하면서도 초월해서 그것에 물들지 않는 청정한 식識까지도 논하고 있기 때문이다.

하지만, 칼 융의 이론에서 온갖 그림자와 콤플렉스부정적 정보를 뚫고 들어가면 진정한 자아[146]Selbst, Self를 만날 수 있었듯이, 불교이론에서도 온갖 부정적 정보카르마가 담긴 심층 아뢰야식阿賴耶識을 뚫고 들어가면, 그 가장 깊은 심층마음에는 가장 평화롭고 고요한 가운데 깨어 있는 불성佛性이 담겨 있다는 점은 비교론적으로 주목할 만하다.[147] 두 이론 모두 무의식의 오염된 정보를 극복

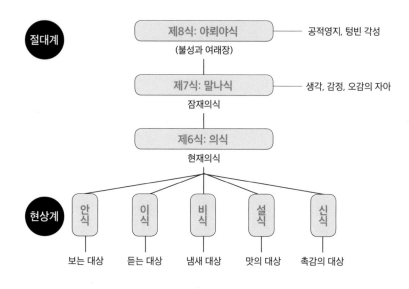

<図>
절대계

제8식: 야뢰야식 ── 공적영지, 텅빈 각성
(불성과 여래장)

제7식: 말나식 ── 생각, 감정, 오감의 자아
잠재의식

제6식: 의식
현재의식

현상계
안식 / 이식 / 비식 / 설식 / 신식

보는 대상 / 듣는 대상 / 냄새 대상 / 맛의 대상 / 촉감의 대상
</図>

〈그림 4〉 마음의 구조: 불교이론

하여 깊은 마음을 향해 가는 긍정적인 메시지를 담고 있다는 점
에서 그러하다. 것이다. 심층 아뢰야식에는 무의식의 온갖 미세망
념微細妄念과 근본무명根本無明을 초월한 심층마음淸淨心이 본래 각성
된 상태로 존재한다.[148]

초의식과 불성
초의식과 불성의 관계는 무엇일까?

1) 초의식은 여래장인 아뢰야식에서 발현되는 순수의식이다. 우리의 심층마음인 아뢰야식은 여래의 성품, 즉 불성을 함유하고 있다고 하여 여래장이라고 부른다.

2) 무의식과 아뢰야식은 다르다. 무의식은 프로이트가 말하듯이 인간의 개별적 정보들을 함유하고 있는 정신의 영역이다. 간혹 칼 융처럼 심리학에서 집단무의식을 다루기도 하나 여전히 개인이나 집단의 무의식적 정보를 함장하고 있는 곳이 아뢰야식은 아니다.

3) 아뢰야식은 더 깊은 심층마음의 차원으로 이해해야 한다. 개체나 집단의 무의식적 정보(종자)를 함유하고 있기는 하지만, 아뢰야식은 단순히 그것을 넘어선 청정한 식을 다루고 있는 존재의 가장 깊은 심층 차원의 마음識, 심층마음이다.

4) 이러한 이유로 일부 학자들은 아뢰야식을 2개의 층으로 나누기도 한다. 오염된 번뇌 종자를 함유하는 아뢰야식의 영역과 이들을 초월하여 번뇌에 물들지 않는 청정한 식識 그 자체인 암마라식으로 나누는 것이다.[149]

5) 말하자면, 차원次元이 다른 것이다. 무의식이 우리의 깊은 속마음을 보여주는 것은 맞지만, 속마음이 곧 본래의 성품불성

은 아니다. 무의식에는 엄청난 정보가 저장되어 있고, 부정적 기억과 종자들도 모두 함유되어 있다. 하지만 초의식은 이러한 번뇌 종자를 넘어선 청정한 식識 그 자체이다. 그것은 텅 빈 각성의 상태, 텅 비어 고요하면서도 깨어 있는 상태, 깊고 평화로운 상태, 공적하면서도 동시에 신령스럽게 알아차리는 심층마음이며, 불성의 의식 상태를 말한다.

6) 그렇다고 해서, 초의식과 무의식이 엄청나게 멀리 떨어져 있는 것은 아니다. 그것은 시간이나 거리의 개념이 아니기 때문이다. 우리 마음에는 그 스스로의 성품을 아는 자기지自己知가 있어서 본래부터 그것은 각성本覺되어 있다. 진여眞如인 것이다. 다만 그것을 모르고 생멸生滅하는 존재로만 알아 번뇌 습기를 모두 제거한 이후에나 진여를 볼 수 있다는 생각에 본래 각성된 심층마음을 보지 못하는 것이다. 지금 이 순간, 한 생각을 돌이켜 고요함에 머물면 순수의식으로 들어갈 수 있다. 오직 모를 뿐! 이게 뭐지? 라고 하는 순간 우리는 생각과 분별이 나오기 이전 그 근원 자리인 심층 마음으로 들어갈 수 있다. 대상을 분별하는 분별의식 그 너머로 들어갈 수 있는 것이다. 생각이 나온 바로 그 고요한 근원 자리를 직관하라. 그리고 그 바탕 자리에 고요히 머물라. 그것이 그대의 순수의식이며 심층마음이니 고요함과 텅 빔 속에서 밝게 깨어 있으라. 한편 이렇게도 생각해 볼 수 있다. 우리 마음

은 근원에서 늘 밝게 깨어 있는 마음이 있다. 이를 심층마음이라고 하고, 원효는 성자신해性自神解, 지눌은 공적영지空寂靈知의 마음이라고 불렀다. 영가 현각은 마음의 본래 자각성을 자기지自己知라고 불렀다. 지금 이 자리에서 공적영지의 마음을 찾아보라. 고요하고 텅 비어 있는 가운데 늘 밝게 알아차림으로 깨어 있는 공적영지의 마음을 찾아보라. 그 마음은 수행을 해서 마음을 깨끗하게 닦고 안 닦고의 차원과 관계없이 더 깊은 곳에 본래 자각성自覺性, 本覺으로 깨어 있다.

7) 번뇌 즉 보리라는 말이 있다. 물거품과 물이 하나이듯이, 파도와 깊은 바다가 하나이듯이, 생각과 번뇌는 하나이다. 분별과 망상을 멈추고 고요함으로 들어가면 된다. 고요함이 키워드이다. 고요함 속에 우린 치유될 수 있고 평화를 얻는다. 고요함 속에서 텅 비어 있으면 우리의 심층마음 속에서 깨어 있는 파동을 만난다. 그것이 우리의 초의식이다. 그리고 그것이 우리의 본래 성품이다.

8) 우리의 본래 성품은 지금 바로 여기에 있다. 고요하고 텅 비어 있으면서 밝고 신령스럽게 알아차리고 있다. 이것이 바로 그대의 불성佛性이며, 초의식이며, 순수의식이다. 또한 심층마음에서 만나는 공적영지의 마음이다.

9) 고요함 속으로 자주 들어갈 필요가 있다. 명상이나 기도를 통해 혹은 자기만의 힐링 타임[150]을 통해 고요한 환경을 자주 만들라. 자연 속에서 꽃과 나무 사이를 거닐라. 혹은 자신이 좋아하는 고요한 음악 속에서 따뜻한 욕조에 몸을 담그라. 고요함 속에 깨어 있으며, 평화 속에서 안식하라.

10) 그대의 본래 성품을 보는 것이 견성見性이며, 본래 성품인 심층 마음에 깨어 있는 것이 현존現存이다.

용어의 정리

잠시 쉬어가면서 본서에서 제시된 다양한 용어들을 하나의 관점으로 정리해 보기로 하자.

우리는 본서에서 핵심 키워드를 세 가지로 정리하여 고요함, 텅 빔, 알아차림으로 제시하였다. 우리 마음은 본래 각성된 존재로서 마음은 이미 마음을 안다. 심층마음은 심층마음을 이미 아는 것이다. 이것을 영가 현각스님은 대상지와 구분하여 자기지自己知라고 하고, 원효스님은 성자신해性自神解라고 했으며, 보조국사 지눌스님은 공적영지空寂靈知의 마음이라고 했다. 이처럼 우리에게는 대상을 인식하는 분별지 이전에 무분별지가 있고, 이를 반야지혜, 진여, 순수의식, 생각이 끊어진 자리라고 한다. 주관과 객관, 나我와 세계法, 마음과 대상으로 나누어지기 이전에 심층 아뢰야식의 마음[151]이 있는 것이다.

제8아뢰야식의 심층마음은 두 가지 층層이 존재하는데, 하나는 청정한 식識으로서의 자체분이며, 다른 하나는 자체분에서 파생된 견분見分, 주체적 작용과 상분相分, 대상적 작용이다. 오염된 번뇌 종자들은 상분相分에 저장되는데, 프로이트의 무의식은 여기에 해당된다고 볼 수 있다. 아뢰야식의 식識 그 자체는 자체분으로서 번뇌종자에 오염되지 않으며 그 자체로서 청정한데, 이를 불성, 여래장이라고 할 수 있고, 무의식과 구분되는 초의식이라고 할 수 있다.[152] 거울은 그 앞에 비춰진 물건들이 더럽거나 깨끗하거나 관계없이 그 자체는 늘 물들지 않듯이, 우리의 심층마음 역시 그 자체는 번뇌, 종자 등에 물들지 않는 청정한 식識이다.

우리들의 인식은 보는 자와 보는 대상으로 구분하는 분별지에 익숙하다. 특히 대상을 쫓아가는 마음을 집착심, 분별심, 취사간택심이라고 불렀다. 거기에는 많은 고통과 대가가 따른다.

불교는 이분법으로 나눠지기 이전의 세계를 가르치고 있다. 본서에서는 특히 고요함과 텅 빔 속에서 밝은 알아차림을 강조하고 있다. 알아차림은 념念(집중, 주시)과 함께, 지知(알아차림, 통찰)가 합쳐진 개념인데,[153] 그 자체로서 근원에 들어가는 방법을 제시해 준다.

마음의 근원은 심층 아뢰야식이라고 부른다. 이 심층 아뢰야식은 두 가지 작용을 하는데, 서양 심리학의 프로이트학파에서 부르는 개체[154] 무의식과 같은 기능과 개체 무의식을 넘어선 초월적 의식초의식이 그것이다. 이 후자, 즉 초월적 의식은 번뇌에 의해 오염되지 않는 그 자체로서 청정한 마음인 청정심이면서 진여심이라고 할 수 있다. 이를 근원, 진여, 불성, 여래장, 초의식, 심층마음, 순수의식이라고 불렀다.

이러한 근원에서 참다운 지혜가 쏟아진다. 현대적인 언어감각으로 말하자면, 우리는 우리 마음의 텅 빈 자리를 찾을 때 심층마음을 만날 수 있고, 그럴 때 우리는 진정한 의미의 직관과 창의성, 통찰력을 만날 수 있는 것이다.

PART 4

다시
삶 속으로

고요함은 정신없이 바쁘게 돌아가는 세상 속에서 모든 것을 천천히 흐르게 하는 힘이다. 이는 또한 명확한 사고와 영혼의 중심에 이르는 길이다. 그렇다면 우리 안에 숨겨진 고요함을 어떻게 찾을 수 있을까?

— 라이언 홀리데이, 『스틸니스』

Chapter 12

모두 버려라!

감정도 버리면 버려진다.
자기 확신 속에 평정과 고요가 깃든다.

심층마음: 불안으로부터의 해방

불교에서 말하는 오온五蘊이란 몸과 느낌, 지각, 의지, 생각이라는 몸과 마음의 다섯 가지 작용을 의미한다. 이것은 수많은 구성 요소들의 임시 화합으로 이루어졌기에 허상이며, 조건으로 나타났기에 그 조건이 사라지면 곧 사라질 현상들이다.

몸과 마음만 그러한가? 세상 역시도 그렇다. 이것 역시 수많은 구성 요소들의 임시 화합으로 이루어진 허상이며, 잠시 인연과 조건이 되어 나타난 것이기에 본질적 실체가 없다. 나의 몸과 마음이 비었음을 아공, 세상이 모두 비었음을 법공이라고 부른다.

그렇다면 과연 다른 어떤 것에 의지함 없이 스스로 존재하는 것은 있을까? 그것은 "그냥 저절로 아는 마음"이다. 이것을 불교에서는 심층마음이라고 한다. 이것은 대상이 나타나면 즉시 "아는 마음"이다.

표층의식은 의식하는 나와 의식하는 대상을 이원화하고 분별하고 판단하는 것인데 반해, 심층마음은 분별 이전의 빈 마음이 되어 전체의식과 하나로 호흡하고 공명하는 것이라고 할 수 있다. 이 전체가 바로 나의 심층마음 안의 에너지 파장이기에 나는 내 안에서 그 전체를 나로 바로 자각할 수 있다.[155]

표층의식좌뇌의 "생각하는 마음"을 내려놓으면(그러한 수행이 깊어지면), 심층마음의 근원에 머무는 힘도 강해진다. 내려놓으면 마음이 고요해지고, 고요함이 깊어지면 심층마음과 하나가 되는 것이다.

마음의 고요함과 지혜로 깨어 있고, 이를 통해 마음의 불안이나 고통에서 해방되는 것을 해탈, 열반이라고 하고, 그것은 심층마음을 자각하고 깨닫는 것으로부터 출발한다.

불안, 죽음에 이르는 병

아무것도 염려하지 말고 오직 모든 일에 기도와 간구로 하나님께 아뢰라.

— 빌립보서 4: 6~7

불안의 시대이다. 코로나-19 바이러스가 일상을 무너뜨리고 있다. 그런 것 말고도 개인적인 불안감은 늘 상존하고 있다. 과연 나는 죽을 때까지 건강하게 살다가 죽을 것인가? 나의 가족들은 괜찮을까? 건강, 미래, 노후, 그 모든 것이 불안하다.

사람은 누구나 태어나서 행복을 추구한다. 내면의 자유로움을 갈구하며, 밖으로도 평안과 행복을 추구하고 있다. 하지만 불안이 그걸 막고 있다. 죄의식과 자기혐오감도 극복해야 할 대상이다.

니체는 죄의식과 자기혐오감에서 벗어나야 한다고 강조했다. 그리고 이를 위해 우리 모두는 우주 만유에 내재되어 있는 생명력, 즉 힘에의 의지를 회복해야 한다고 역설했다. 그가 강조한 철학은 '초인超人', 즉 "자유롭고 독립적이며 생명력 넘치는 위버멘쉬超人의 정신"[156]이다. 이러한 도덕적 자질은 생명력, 즉 힘에의 의지에서 나온다.

니체의 주장을 좀 더 들어보자. "유기적 생명체는 그 어떤 부분도 정지되어 있지 않다. 우리는 유아기 때부터 계속 힘을 추구한다. 모든 유기적 생명체는 창조와 쇠퇴가 끊임없이 반복되는 역동적이고 혼란스러운 상태에서 존재한다. 압도하기도 압도되기도 한다. 나무뿌리가 아만을 깨드리는 것이 힘에의 의지다. 얼음이 팽창해서 절벽을 가르고 해안의 모습을 바꾸어 놓는 것이 바로 힘에의 의지다. 힘에의 의지는 궁궐 지붕의 기와에 낀 미세한 이끼 포자에도 있다. (……) 힘에의 의지는 절대 멈추지 않는다. 그것은 개인과 개인, 집단과 집단, 국가와 국가 사이에 존재하는 변화무쌍한 힘이다."[157]

불안은 실존철학의 출발점이다. 나라는 존재를 가로막고 있는 것, 그것이 불안이다.

키르케고르는 불안절망을 죽음에 이르는 병으로 보았다. 그리고 그 불안에 대한 해결책은 신앙그리스도을 통한 구원밖에 없다고 하였다.[158] 존재의 근원을 알지 못하고서는 불안에 대한 근본 해결책이 나올 수 없기 때문이다. 그리스도에 대한 절대적 믿음과 신앙으로 창조주에게 복종하며 자신을 바치는 행위를 존재의 근원에 이르는 길로 본 것이다.

앞에서 우리는 심층마음을 논하였다. 서양에서 존재의 근원을 외부에 초월적으로 존재하는 신하나님, 그리스도으로 보았다면, 불교에서는 존재의 근원을 내부에 초월적으로 존재하는 심층마음으로 보았다. 내 마음의 가장 깊은 심층부에 존재의 근원이 있음을 자각한다면 그리고 그것이 언제나 깨어 있는 존재의 본질임을 자각한다면 불안이 붙을 여지는 본래부터 없을 것이다.

불안의 종류

왜 모두들 그렇게 허둥지둥 살면서 인생을 낭비하고 있는가?
배가 고프기도 전에 굶어 죽을 것 같은 모습이다.

— 헨리 데이비드 소로, 『월든』

불안不安, anxiety은 "편안하지 않는 마음"이다. 불안은 자신도 그 원인을 알 수 없는 내면의 주관적 감정 충돌의 산물이다. 행동 심리학자들은 불안이 충격적 사건에 대해 잘못 학습된 반응의 결과라고 설명한다. 충격을 준 사건과 그때의 주위 환경이 연관되어 사건과 관계없이 초조한 감정을 불러일으키는 방아쇠 역할을 한다는 것이다.

프로이트는 "불안이란 지니고 살기에는 너무나 위협적이고 괴로운 자신의 경험·감정·충동 등을 억압한 결과로, 내면의 감정이 충돌하는 과정에서 나타나는 증상"이라고 설명했다.

대상이 모호할 때는 불안, 대상이 명확할 때는 두려움이나 공포로 구분하기도 한다.

불안 장애anxiety disorder나 사회공포증social phobia, 공황장애panic disorder처럼 다소 무거운 형태의 질병도 있지만 일상적 감정으로서의 불안도 있다. 종교나 예술, 철학과 심리학에서 중요하게 다루는 불안은 일상적 감정으로서의 불안이다. 구조적 불안과 심리적 불안으로 구분할 때, 가벼운 심리적 불안에 해당하는 것이다.

불안은 불확실성으로부터 기인한다. 과거 시대에 가난한 삶으로 더 고달팠던 사람들보다 현대인들의 불안지수는 훨씬 더 높다.[159] 불확실성과 스트레스 때문이다. 삶의 예측성이 떨어지면 불안하게 된다. 불안해서 가슴이 뛰는데 가슴이 뛰는 현상을 보고 더 놀라 다시 불안감은 증폭되기도 한다. 이는 자율신경을 흥분시키거나 신경의 과도한 각성을 가져와서 불안감을 증폭시키는 것이다.

한편, 인간은 새로운 것, 불확실한 것, 변화를 동반하는 어려운 일을 착수할 때 불안감을 느낀다. 가령 중요한 시험을 앞둔 상태라든지 새로운 사업을 시작할 때 불안하기 마련이다. 새롭고, 불확실하고, 무서운 일을 할 때 불안을 느끼는 것은 생존을 최우선으로 하는 뇌의 진화과정에서 생긴 당연한 현상이다. 변화는 불안을 동반한다.

한번 무서워서 계속 피하게 되면 내 반응은 불안을 피할 수 없다. 그렇게 되면 불안 극복은 불가능해진다. 계속 부딪쳐서 상황이 익숙해지면 불안은 감소하게 된다. 예측성과 안정성이 올라가기 때문이다.

일상적 불안의 경우는 생활 리듬을 잘 지키는 것만으로도 해소

된다. 식사, 수면, 운동 등 일상생활 습관을 규칙적으로 지키는 것만으로도 크게 도움이 된다. 신체 리듬을 조절하는 것도 불안 해소에 도움이 된다. 규칙적 리듬으로 걷는다든지, 요가나 자율 진동 혹은 명상을 통해 뇌파에 규칙을 주어서 안정시켜보라. 숫자를 규칙적으로 세거나 호흡을 조용히 관찰하는 것도 좋은 방법이다.

불안은 끝까지 올라가면 다시 떨어진다. 이러한 이치를 알고 부정적 생각을 긍정적인 생각으로 전환시킴으로써 치료하는 심리기법을 인지 행동 치료라고 한다.[160] 또한, 생각과 행동을 긍정적으로 바꾸는 것도 크게 도움이 된다. 생각과 행동의 변화를 통해 불안증을 치료하는 심리 기법을 노출훈련이라고 한다.[161] 불안은 부딪쳐야 해소된다. 삶이 무기력증에 빠질 때, 일을 지연시키고 싶거나 회피하고 싶을 때, 공연히 의식이 처지거나 우울할 때, 왠지 바깥 기후나 상황을 핑계되고 싶을 때, 과감하게 부딪쳐 보라. 뒤에서 상세하게 살펴볼 5초의 법칙을 통해 바로 행동에 돌입하라. 당신의 행동과 습관이 바뀔 것이다.

한편, 인간에게는 알 수 없는 근본 불안이 존재한다. 그것은 인간이 육신을 받아 이생에 온 존재론적 불안감이며, 오랜 세월 우리의 무의식에 쌓아 온 잠재인상으로서의 원습삼스카라, Samskara이다. 수많은 전생의 경험으로부터 우리의 무의식아뢰야식에 쌓아 온 카르마업, karma이며, 키르케고르는 이러한 원죄原罪를 죽음에 이르는 병이라고 했다. 칼 융은 집단무의식과 원형이론으로 설명했고, 하이데거는 현존재역사적 인간가 우연적 존재임을 드러내는 근본적 두려움이라고 했다. 이를 실존적 불안[162]existential anxiety이라고 할 수 있다.

불안은 어디에 있는가?

> 미로와 같은 삶의 여정에서 영혼은 당신의 든든한 동반자요, 훌륭한 길잡이가 되어줄 것이다.
>
> ── 게리 주커브, 『영혼의 자리』

불안이 두뇌의 한 부분 혹은 한 다발의 신경조직에 있다고 보는 것은 단견短見에 불과하다.

불안은 우리 마음의 병이므로 온몸 세포 구석구석에 잠재되어 있다. 더 나아가 마음은 모양과 형태가 없으므로 우리 몸에 국한된 존재도 아니다.

캔더스 B. 퍼트는 『감정의 분자』에서 몸과 마음이 분리되지 않은 하나의 네트워크라는 사실을 처음으로 과학적으로 밝혔다.[163]

> 감정은 수용체와 수용체를 결합하는 다양한 펩타이드 간의 정보교류로 생기는데, 수용체는 우리 몸의 모든 세포 수준에서 기

능한다. 수용체는 흔히 열쇠 구멍이라고 부른다. 반면 열쇠는 리간드라고 한다.[164]

"리간드[165]가 수용체와 결합하면 수용체 분자는 배열을 바꾸고 문을 열어 정보가 몸안으로 들어오도록 한다. 결합의 과정은 매우 선택적이고 특이하다. 수용체가 자신에 맞는 특정 리간드를 제외한 다른 모든 것을 무시한다."[166] 말하자면, 분자 수준에서의 연애 혹은 짝짓기인 것이다.

정리하자면, 우리가 어떤 감정을 일으키려면 분자 수준에서의 배열이 호응해줘야 하고 호응이 거부되면 일어나지 않는다. 분자 수준에서의 배열과 호응은 몸 전체의 세포 수준에서 일어나는 작용이다.

모두 버려라!

당신은 결코 혼자가 아니다.
마음의 문을 열과 당신의 영혼과 대화를 나누어라.
　　— 게리 주커브, 『영혼의 자리』

그렇다면, 불안, 걱정, 우울 등 부정적 감정을 모두 버려야 한다. 몸과 마음의 심층 속에 잠재되어 있는 피로와 분노를 모두 떨쳐 버려라. 물론 쉬운 일은 아니다. 어떻게 하면 불안이 버려질까?

먼저, 감정이 물건도 아닌데 버릴 대상인가 하고 생각하지 말라. 과연 버려질까 하고 의심하지 말라. 마음 속 부정적 기억들과 상처도 버리면 버려진다. 불안, 걱정, 우울 등 부정적 기억이나 감정 찌꺼기도 버리면 버려진다.

> 사실, 불안, 걱정, 우울과 같은 감정들은 우리 몸과 마음의 낮은 진동수와 관련이 있다. 우리 몸과 마음의 컨디션이 저조할 때, 혹은 어떤 사건으로 인해 큰 스트레스나 불안을 느끼고 있을 때 우리 몸의 진동수는 낮아진다. 몸과 마음의 건강이 무너지고, 그 낮아진 진동수가 영혼으로까지 이어진다면, 그러한 불안과 절망은 '죽음에 이르는 병'이 된다.

우리가 활기찬 컨디션을 유지할 때, 자신의 일에서 기쁨을 찾고 활력이 넘칠 때, 몸과 마음이 감사함으로 가득 차 있을 때, 우리의 의식은 높은 진동수를 지닌다.

따라서 규칙적 생활이나 운동 등으로 활기찬 생활 습관을 유지하라. 명상, 요가, 자율진동 등을 통해 몸과 마음의 진동수를 높여라. 그럴 때 불안이나 걱정, 우울과 같은 감정들은 다가오지 못한다.

보다 근본적인 해법은 심층마음을 깨닫는 것이다. 심층마음으로 들어가는 길은 화두를 통해 고요하고 텅 빈 그러면서도 밝은 알아차림으로 존재하는 공적영지의 마음을 찾는 것이다. 불안은 생각에서 증폭된다. 생각이 멈춰지면 가라앉는다. 화두 일념은 판단을 중지시켜 주며, 말과 생각이 끊어진 자리, 고요하고 깨어 있는 인식으로 들어가게 해 준다. 고요함과 텅 빔, 그리고 밝은 알아차림만이 존재한다. 심층마음 속에서 순수의식에 머물라. 그러므로 "모두 버려라!"는 심층마음으로 들어가게 해주는 화두와 같은 역할을 하는 것이다.

Chapter 13

내재하는 신

지혜로운 자는 인기, 권력, 명예 등 허명에 집착하지 않고
영혼의 관점에서 성공을 생각한다.
__ 게리 주커브, 『영혼의 자리』

심층마음: 순수의식

미국의 심리학자 레스 페미Les Fehmi는 무한하고 광활한 공간을 상
상하는 것만으로도 우리의 뇌파가 평화로운 파동으로 바뀐다고
했다. 그는 "무형의 심상에 대한 감각적 상상"만으로도 우리 뇌의
알파파를 증가한다는 것이다.[167] 알파파는 명상에서 나오는 고요
한 파동이다. 텅 빈 마음에서 흘러나오는 지극히 평화로운 파동
이다.

우리는 육신에 국한된 존재가 아니다. 좁고 집착하고 분별하는
개체가 아닌 것이다. 육신이나 개체가 아닌 텅 빈 영혼의 눈으
로 보라. 전체와 순수의식이 들어올 것이다. 나는 더 크고 광대

무변한 마음이다. 텅 비고 무한한 마음이다. 그리고 이 모든 것을 지켜보고 알아차리는 순수의식이다. 그것은 우리의 표층의식을 넘어선 심층마음이다. 말과 생각이 끊어진 자리이며, 시비와 분별이 끊어진 자리이다.

한번 시험해 보라. "순수의식을 경험하는 동안 무엇인가 부족한 느낌이 있는가? 그 상태에서 어떤 결핍감 같은 것이 있는가?"[168] 순수의식은 언제나 그곳, 우리의 심층마음에서 생생하게 존재한다는 것을 기억하라.

내재하는 신

신은 우리 의식 안에 내재한다.

신은 어디에 계시는가? 불성은 어디에 계시는 것일까?

사람들이 종교를 찾는 초기에는 신, 거룩한 존재는 나의 외부 어딘가에 그리고 높은 곳에 계시는 것으로 믿었다. 그 분은 너무나도 거룩하여 나 같은 비천한 존재는 감히 쳐다볼 수도 없는 자리에 계시면서 나를 지켜보시는 것으로 믿었다. 하나님은 전체이시지만 너무도 거룩하여 나와는 상관없이 외부, 저 먼 곳에 존재하는 것으로 생각했다.

하지만, 이제 인간의 의식도 성장하였다. 가만히 보라. 진리는 불이ᅳ이다. 나와 너, 나와 신, 나와 우주, 이처럼 둘로 구분되어 있는 것은 진실이 아니다. 표층의식에서 분별하고 망상을 일으켜 둘로 구분하고 개별적 실체가 있는 것처럼 착각할 수는 있지만, 심층마음의 관점에서 보면 모두가 하나로 연결된 흐름이다. 모두가 심층마음이라는 일심전체의식에서 인연을 통해 잠시잠깐 나타난 표층적 현상들인 것이다.

전체가 하나의 흐름으로 연결된 식이라는 사실을 자각한다면 우리는 이 순간 깨어날 수 있다. 표층의식에서 주는 헛된 망상에 집착하지 않고 무명으로부터 벗어나 심층마음에 대한 자각으로 전체를 조망할 수 있다.[169]

신은 전체이며 심층마음이다. 우주 법계가 하나로 이어진 큰 생명이다. 이러한 거룩한 실재가 있기에 개체가 존재한다. 나주관는 대상객관을 보며, 관찰인식이라는 결과를 만들어낸다. 하지만 이 세 가지, 나-대상-관찰은 한 묶음이며, 동시에 출현했다가 동시에 사라진다.

허망한 분별

허망한 분별. 우리는 몸이 나라고 생각한다. 그리고 몸에서 나오는 생각과 나를 동일시한다. 그런데 과연 그럴까?

몸과 생각을 일으킨 그 무엇, 그 밝은 근원이 진정한 나는 아닐까?

몸이 나라고 분별하는 순간부터 괴로움은 탄생된다. 내가 있으니 생존해야 하고, 생존하자니 경쟁해야 한다. 지면 자존감이 상하고 삶은 더 힘들어지니 어떻게든 이겨야 한다. 잘되는 경우도 있으나 실패하는 경우도 많다. 집착이 생기고 집착은 병을 낳는다. 늙고 죽음을 맞이한다.

그런데 한번 멈춰보자. 과연 그럴까? 이 허망한 몸이 애당초 나였을까? 몸을 원래 있게 한 그 존재의 바탕, 그 근원이 진정한 나는 아닐까?

분별과 집착은 무명無明[170]으로부터 온다. 무명無明의 반대는 밝은 지혜이다. 분별과 집착은 건강하지 못한 우월감과 자만심을 낳는다. 그 반대는 진정한 자신감과 겸손함이다. 허망한 분별과 집착만 내려놓으면 삶은 이대로 진실하다.

멈추면 비로소 보이는 것들이 있다. 바로 지관止觀을 말한다. 멈추면 고요해지고 고요해지면 근원으로 들어가 심층마음이 보인다. 거기서 우리는 직관할 수 있고 진정한 지혜를 얻을 수 있다.

진여연기

진여연기란 참되고 영원한 생명이 상호 연기되어 운영되고 있다는 의미이다. 우리의 제한된 안목으로는 보이지 않지만, 우주에는 본래부터 근원적으로 참되고 영원한 생명인 진여불성이 존재하며, 그것도 온 천지에 빈틈도 없이 언제 어느 때나 꽉 차 있다. 그리고 이들의 상호작용으로 인해 우주의 참되고 영원한 생명은 지금도 앞으로도 영원토록 변치 않고 지속되는 것이다.

세상에 존재하는 모든 것은 모두 연기에 의해 존재한다. 인연으로 화합하여 존재하는 것이며, 그것도 잠시 인연이 있는 동안만 존재한다. 서로 연결되어 있으며 어느 것 하나 따로 존재하는 것은 아무것도 없다. 육안으로 식별하여 모양에 집착하게 되지만, 심층마음에서 펼치는 존재의 실상을 바로 보면 그 본질은 공空하여 텅 비어 있다.

진공묘유

진공묘유란 우주 에너지의 장은 텅 비어 있으면서도 생명을 탄생시키는 무한한 힘으로 충만해 있다는 뜻이다.

현대 물리학자들도 존재의 본질이 공空하다는 점을 과학적으로 밝히고 있다. 우주에 존재하는 모든 물질은 원자로 이루어져 있으며, 원자를 다시 쪼개고 들어가 보면 6종의 쿼크양성자와 중성자는 쿼크로 이루어져 있다와 6종의 렙톤전자도 렙톤의 일종이다으로 이루어진 소립자[171]가 끊임없는 파동을 이루며 순환하고 있다. 다시 더 궁극으로 들어가면 결국 입자는 사라지고 에너지의 장만 남는데, 그것은 본질적으로 텅 비어 있다.

그럼, 텅 비어 있다는 것 말고는 없을까? 텅 비어 있는 가운데 진정한 기운으로 꽉 차 있다.

그렇다면 그 꽉 차 있음의 정체는 무엇일까?

그것은 물질이 아니다. 우주의 가장 순수한 상태로서의 정신이다. 그것은 텅 빔 속에 꽉 차게 존재하는 우주 에너지의 파동, 즉 정신精氣, prana이다. 불교에서는 이를 진여불성이라고 보았다. 광명 충만한 생명이자 빛인 것이다. 그것이 우리의 심층마음의 본모습이다.

진여불성

진여불성이란 우주 모든 존재의 본질이다. 그것은 생명 에너지이며, 무시無始이래로 본래부터 존재한 생명 그 자체이다. 그리고 이것은 광명 충만한 순수의식이며 심층마음의 실상이다.

우리가 보는 모든 존재들은 모두가 광대무변하고 찬란한 불성의 바다위에서 춤추고 있다.[172]

이것은 거대한 화엄의 바다이며, 불성이 담긴 영원한 진여의 바다이다. 그리고 이것은 거대한 생명으로 이루어진 심층마음이며 순수의식의 바다이다.[173]

따라서 우리의 존재는 머리끝부터 발끝까지 진여불성의 생명으로 가득 차 있다.[174] 우리만 그런 게 아니라, 우주의 모든 생명은 모두 불성의 생명 기운으로 가득 차 있다. 광대무변한 빛과 찬란한 생명의 빛으로 출렁이는 생명과 순수의식의 바다, 이것이 심층마음의 진짜 모습이다.

Chapter 14

내면의 법칙

고요함에 명료한 정신이 더해지면 깨지지 않는
평정심과 탁월함을 얻을 수 있다.
— 톰 스톤, 『평정심』

심층마음: 마음의 진정한 성품

심층마음은 마음의 진정한 성품이다. 그리고 그것은 표층의식을
넘어선 존재의 실상이다. 그곳은 고요하고 텅 비어 있으며, 밝은
알아차림으로 깨어 있다. 그곳에서 우리는 공적영지의 마음을 만
나고 순수의식을 만난다.

　　따라서 심층마음을 만나는 일은 단순히 자신의 꿈이나 소망
을 이루는 일보다 차원이 높다. 위에서 말한 성공, 애정, 권력 모
두 좋지만, 이러한 일들은 나의 표층적 자아와 연결되어 있다. 진
정한 평화와 안식이 없다. 그리고 늘 불안하다. 최고의 권력을 얻
었더라도 언제 어떻게 될지 모른다. 성공과 애정도 마찬가지다.
우리가 아무 일 없는, 지금 이대로 텅 빈, 우리의 진정한 심층마음

을 만날 때 우리는 비로소 진정한 평화를 얻을 수 있다. 그곳은 순수의식의 자리이며, 전체가 하나로 텅 빈 고요한 자리이다.

바다와 파도

심층마음이 바다라면 표층의식은 파도이다. 바다가 있으면 파도가 치듯이 물이 있으면 물거품이 일듯이 심층마음에서 표층의식이 파생된다.

이를 일심과 이심에 비유해 보자. 우리 마음의 정신 작용은 일심이 있고 그로부터 파생되는 이심이 있다. 일심一心은 알아차림이다. 전체가 한 덩어리로 인식되는 심층마음이다. 이심二心은 이로 인해 파생되는 생각과 분별들이다. 바다가 있으면 파도가 치듯이, 일심에서 이심이 파생된다. 일심이 깊은 바다심층마음라면, 이심은 파도이며 물거품에고의식이다.[175]

우리는 어떻게 일심에 머물 것인가?

심층마음이 일차로 느끼는 직관은 일심이다.[176] 심층마음에서 직감되는 순수의식이 표층의식생각, 분별으로 번져 나간다. 이차적 생각에서는 분별심이 바로 붙어 좋다, 싫다, 즐겁다, 괴롭다 등의 자기중심 판단이 이루어진다. 이는 비교하는 마음과 함께 취사 간택하는 마음을 낳는다.

모두를 위한 직관과 창의성

심층마음에 머물며, 깨어 있음의 힘이 깊어지면 일심에 머물수 있다. 그곳에서 참다운 지혜, 직관과 창의성이 발생한다.

직관자아와 언어자아

심층마음은 애초에 직관자아만 갖고 있으며, 외부에서 오는 느낌을 순수느낌으로만 받아들인다. 그러다가 언어자아가 발달하면서 2차적인 번뇌와 망상들이 생겨난다.[177]

번뇌와 망상은 언어자아가 발달하면서 생겨난 부작용들이다. 개체인식이 굳어지면서 생겨난 과도한 분별심分別心과 경쟁심競爭心들이다.

> 불교 수행은 잡다한 생각을 내려놓고 세상을 직관하는 것이다. 언어와 생각이 끊어진 자리에서 참다운 지혜를 발현시키는 것이다. 깨어 있는 인식으로 세상을 사유하며, 그 세상이 원래 텅비어 있음을 관찰하는 것이다. 텅 빈 순수의식에 머물며, 심층마음에서 나오는 순수직관을 발전시키는 것이다. 순수하게 직관하고 지혜로써 사유하라. 그 순수의식의 힘이 커감에 따라 직관과 창의성, 통찰력은 향상된다.

내면의 힘

직관자아는 언어자아가 발달하기 이전부터 존재한다. 생명이면 모두 다 알아차리는 능력이 있기 때문이다. 차가우면 찬 줄 알고, 뜨거우면 뜨거운 줄 안다. 이것은 심층마음에 내재된 본연의 능력이다. 여기에서 직관, 느낌, 감성이 발달한다.

언어자아가 생기면서 이를 말로 표현하기 시작한다. 이것은 우리 두뇌의 폭발적 성장을 가져 왔지만, 그 부작용으로 발생한 것이 인간의 고뇌와 번민이다. 언어자아가 생기면서 생각이 번성해지고 고뇌와 번민이 발생한 것이다.

직관과 수행력이 길러지면 1차 인식이 2차 번뇌로 이어지지 않는다. 2차 번뇌에 힘을 실어주지 않는 것이다. 그렇다고 직관과 창의력이 말살되는 것은 아니다. 오히려 집중이 되면서 직관과 감성은 높아진다. 심층마음의 무분별지에 머물러 지혜와 안목이 증가하는 것이다.

무의식적 소망

우리가 고결한 정신 상태를 유지할 수 있는가 하는 것은 결정적인 순간에 우리가 몸으로 어떤 행동을 하는가에 달려 있다.
— 라이언 홀리데이, 『스틸니스』

내면의 힘을 기르는 것도 소중하지만 무의식적 소망을 아는 것도 중요하다. 그것은 우리가 현상계에 사는 동안 우리의 꿈을 실현시키는 것도 중요하기 때문이다. 꿈을 실현하기 위해서는 우리가 원하는 바를 알아야 할 텐데, 이를 위해서는 무의식적 소망이 가리키는 바를 정확히 읽을 필요가 있다. 무의식적 소망이 진짜 소망하는 바를 정확하게 알려주기 때문이다. 그 소망이 마음 가장 깊은 곳에서 우리를 움직이게 한다. 그것이 우리 내면의 무의식적 '동기'이다.

당신을 이끄는 깊은 무의식적 동기는 무엇인가?

현대 심리학자들이 발견한 무의식적 동기는 세 가지 범주로 요약되는데, '성공', '애정', '권력'이다. 가령, "당신은 혼자 힘으로 성공을 일구는 자수성가형 타입인가? 아니면 인간관계를 중시하는 사교적 타입인가? 아니면 사람들을 이끌고 설득하고 열정을 선사하는 리더형 인간인가?"[178]

당신은 어디에 해당하는 사람인가?

첫째, 성공지향적 사람들은 "어떤 일을 그 일 자체를 위해 완수해내고자 한다. 따라서 '우수하다, 더 낫다, 최고다, 효과적이다'라는 단어를 선호하며, 스스로 목표를 세울 수 있는 그런 직업을 선호한다."[179]

둘째, 애정지향적 사람들은 "타인과의 밀접하고 다정한 관계가 중심이다. 이들은 '친구, 우정, 신뢰, 그리움'과 같은 단어를 선호하며, 타인과 친밀한 관계가 될 때 행복을 느낀다. 좋아하는 사람과는 자주 눈을 맞추고, 상대에게 외면당했을 때 큰 상처를 받는다."[180]

셋째, 권력지향적 사람들은 "타인에게 영향을 미치는 것이 중요하다. 이들은 자기 의견을 피력하고 자신의 영향력을 이용해서 사람들을 지배한다. 그리고 최고가 되었을 때 희열을 느낀다."[181] 이들은 '권력, 지배, 주도권, 카리스마'라는 단어를 좋아하며, "최고 경영자와 정치인들은 권력의 동기가 강한 사람들이다."[182]

당신은 어떤 유형의 사람인가?[183]

자아를 실현하려면 내면의 소망을 이루어야 한다. 내면의 심층적인 소망이 이루어졌을 때 우리는 진정한 행복과 기쁨을 느낄 수 있기 때문이다. 매슬로A. Maslow는 자아실현을 이루어야 자아를 초월할 수 있다고 했다. 자아실현이 그만큼 중요하다는 뜻이다. 자아가 실현된다면 자아를 초월하기가 쉬워질 것이다.

내면의 법칙

우리 마음은 심층마음과 표층의식이 병존하는데, 표층의식은 생각, 감정, 오감으로 표현되는 표면적 자아의식이며, 심층마음은 근본 성품 자리이다.[184] 텅 비어 고요하되 영원히 기쁘고 안락한 자리이다.

불교도들은 인간이 태초에 타락하고 부족하다는 원죄의 개념을 믿지 않았다.[185] 반대로 인간은 선한 불성을 타고난다고 믿었다.[186] 그러므로 이들에게 불성 자리를 찾았다는 말은 고요함의 자리심층마음과 순수의식의 자리를 찾았다는 의미뿐만 아니라, 고요함이 주는 평화와 자유 속에서 지혜와 선행을 기쁜 마음으로 베푼다는 의미이기도 하다.[187] 스토아 철학도 마찬가지이다. 이들에게 "자연의 법칙을 따르라"는 말은 "옳은 일을 하라"는 말과 같은 의미이다. 아리스토텔레스가 생각했던 덕德은 영혼에만 깃들어 있는 것이 아니라 우리가 살아가는 삶의 방식을 의미한 것이다.[188]

이처럼 우리의 심층마음과 본성 자리는 고요함을 강조하지만, 이때의 고요가 세상의 귀찮은 일에서 물러날 핑계가 되어서는 안 된다. 오히려 그 반대이다. 고요함에 들어가면 더 많은 사람들을 위해 지혜와 기쁨을 나누게 된다.[189]

우리가 심층마음이 전하는 고결한 정신 상태를 유지할 수 있는가 하는 것은 결정적인 순간에 우리가 몸으로 어떤 행동을 하는가에 달려 있는 것이다.[190]

PART 5

활기차고
행복한 마음

끊임없이 새로운 도전을 하고 있는가?
_____

매사에 새로운 의미를 부여하고 있는가?
_____

당신에게 정말 중요한 것은 무엇인가?
_____

Chapter 15

삶이라는 장엄한 흐름

정말 그대가 삶을 있는 그대로 깊은 무의식으로부터 수용하는 자세를 가진다면,
그리고 감사하고 기쁜 마음을 가진다면, 삶은 그대에게 미소 짓는다.

심층마음: 삶은 진실하다

삶이란 알 수 없는 것이며, 그러한 알 수 없음을 인정하고 받아
들이면서 또다시 묵묵하게 살아 나간다.
— 영화 〈인생〉에서[191]

불교에서는 삶의 흐름을 법계라고 표현한다. 우주는 생생하게
살아 움직이는 하나의 식識이다. 그리고 법계는 거대한 생명의 흐름
이며 심층마음이다. 따라서 그것은 우리의 작은 생각과 간교한 사
량 분별思量分別로는 예단하기 어렵다.

법계는 하나의 우주의 초월적 지능이다. 우리의 눈에 보이진

않지만 법계의 흐름은 진실하며, 우리의 계산적 지식으로는 전체 범주를 파악하기 어렵다. 다만 우리는 그 진실함을 믿고 그 흐름 속에서 인생의 지혜를 배운다.

> 현실은 명멸하는 무수한 빛의 환영이다."[192] 인류의 스승, 파라마한사 요가난다는 이렇게 노래했다. "창조의 이글거리는 용광로, 소리 없는 방사선의 빙하, 불타는 전자 입자의 홍수, (……) 티 없이 맑디맑은 내 마음의 하늘, (……) 영원과 나, 그것은 어우러진 하나의 빛살.[193]

공리가 주연한 영화 〈인생〉에서는 영화 속 인물 푸구이와 자전이 겪은 인생 풍파를 대하 드라마로 보여준다. 지주의 아들로 태어나 도박으로 모든 걸 잃었지만 모든 것을 잃음으로 목숨을 구할 수 있었고, 자전의 마음엔 안타까운 사고들로 공허해진 자리를 사위와 손주가 다시금 채워주는 모습을 잘 그리고 있다. '인생사, 새옹지마에 공수래공수거'임을 잘 보여주는 한편, '삶이란 알 수 없는 것이며, 그러한 알 수 없음을 인정하면서 또 묵묵하게 살아나가는 것'임을 잘 보여준다. 온갖 어려움과 아픔 속에서 갖은 풍파를 다 겪지만, 그 과정에서 우리는 삶의 진실함을 배운다.

> 하지만 우리는 현실이라는 환영에 집착한다. 실제 있지 않은 것을 허망하게 분별하고 집착하는데 그 바탕은 두려움이다. 허망

한 분별과 집착은 우리 내면의 렌즈를 탁하게 만들어 결핍과 두려움이라는 현실을 창조한다.[194] 그리고 그 집착과 두려움이 진실한 모습을 가린다.

집착과 두려움을 비우면 심층마음을 만난다. 정화된 마음은 드넓고 무한한 공간을 만들고, 맑아진 인식은 사랑과 행복을 가져다준다. 그리고 평화로운 빛의 흐름 속에 머물게 된다.

삶이라는 장엄한 진실

삶이라는 장엄한 진실을 있는 그대로 받아들이면 어떻게 될까?

삶이라는 장엄한 진실을 믿고 받아들이면 심층마음에서 강하게 버티고 있던 저항이 하나씩 가라앉게 된다.[195] 내려놓으면 죽을 것 같았던 그 집착과 두려움을 내려놓게 된다. 비로소 삶의 진실이 보이기 시작한다. 무심코 지나쳤던 동네에 핀 꽃이 아름답고, 돌담 사이로 올라온 제비꽃들이 예쁘다. 또한, 숲속의 새 소리들이 귀엽고, 멀리서 들려오는 까마귀 소리가 정겹다.

심층마음의 집착과 두려움이 사라진다면 어떻게 될까? 그때에도 나는 계속 삶의 희생자인 것처럼 피해 의식을 갖게 될까?

정말 그대가 삶을 있는 그대로 심층마음으로부터 수용하는 자세를 가진다면, 그리고 감사하고 기쁜 마음을 가진다면, 삶은 그대에게 미소 짓는다. "고생 끝, 행복 시작"이다.

행복은 일체감에서 온다. 동료와 가족에 대한 감사와 사랑, 일체감은 행복을 낳는다. 불행은 분리감에서 온다.[196]

삶은 이대로 완전하다

불교에서는 삶은 이대로 완전하다고 가르친다. 늙음은 늙음대로 완전하고, 젊음은 젊음대로 완전하다. 아프면 아픈 대로 완전하고, 건강하면 건강한 대로 완전하다. 죽음은 죽음대로 완전하고, 삶은 삶대로 완전하다. 이것은 우리의 보편적인 상식에 반하는 판단이다. 하지만 우리가 그렇게 느끼지 못하는 것은 분별과 집착 때문이다. 우리의 허망한 마음과 비교하는 마음이 고정관념을 낳는 것이다.

자세히 보면 모두가 대척점을 지닌 단어인데, 늙음과 젊음, 아픔과 건강, 죽음과 탄생, 이 모두가 상대에 의존해서 생기는 개념일 뿐 그 자체가 절대적 기준이 될 수 없는 것들이다. 늙음이 있음으로 인해 젊음이 있고, 죽음이 있음으로 인해 탄생이라는 개념이 생긴다. 그 반대도 마찬가지이다. 불교는 이를 서로가 의존하여 연기적으로 발생한 관념으로 보고 있다.

연기緣起로 인해 생겨난 것은 진짜 생겨난 것이 아니다. 연생무

모두를 위한 직관과 창의성

生緣生無生. 잠시 인연 화합으로 생겨난 것일 뿐 인연이 다하면 언제 그랬냐는 듯이 사라진다. 우리가 표층의식에서 분별과 망상으로 인해 늙음, 아픔, 죽음을 진짜 있는 것으로 받아들이지만, 심층마음의 차원에서 보면 그런 일이 없다. 주관적 분별이며 착각에 의한 것이다.

Chapter 16

힘과 의지

힘과 의지란 "주인이 되고자 하는 정신이며,
이를 위해 더욱 강해지고자 하는 생명력이다.

— 니체

심층마음: 재즈 음악에서 배우는 삶의 지혜

저에게는 어떤 일이 일어나도 괜찮습니다. 저는 세상의 흐름, 그
어떤 것도 받아들일 준비가 되어 있습니다. 저는 신을 온전히
믿기 때문입니다.

— 지두 크리슈나무르티

세상과 삶을 온전히 믿고 수용하라. 삶의 흐름에 저항하지
마라. 삶의 흐름에 맞춰 춤추듯 살아가되 너의 중심을 잃지 마라.

중심을 잃지 않는다는 의미는 텅 빈 고요한 마음을 잃지 않는다

는 뜻이다.[197] 중심을 잃지 않는다는 의미는 또한 텅 비어 고요한 심층마음과 하나임을 놓치지 않는다는 뜻이다. 그것은 텅 빈 고요한 마음이며, 순수한 의식이다.

삶은 어쩌면 현란한 재즈음악처럼 때론 파격적이지만, 그 안에서 우리는 조화와 균형을 찾는다. 내적 중심을 놓치지 않고 삶의 흐름을 따라가다 보면중도의 지혜 멋도 있고 행복도 찾게 될 것이다.

마치 눈송이 입자 하나에 눈 전체가 반영되어 있듯이,[198] 나는 심층마음과 하나이다. 마치 티끌 하나에 우주가 다 들어 있듯이, 나는 심층마음에서 펼쳐지는 진실을 알고 있다. 나는 육체에 갇힌 존재가 아니라 광명 충만한 순수의식인 것이다.

내려놓음과 내맡김

고독한 시기에 자신을 단련한 경험이 있는 사람만이 고요함이 주는 힘을 안다. 그것은 혼자 있는 시간의 힘이다.

— 사이토 다카시, 『혼자 있는 시간의 힘』

내려놓음let down은 비움이다. 내 생각과 고집을 내려놓는다는 뜻이며, 판단 중지를 말한다. 내맡김surrender은 복종이다. 내 견해로서 분별하는 마음을 내려놓는 것이다.

하지만 크게 보면 내려놓음과 내맡김은 같은 뜻이다. 그것은 완전히 내려놓고 상황을 받아들인다는 뜻이다. 내가 수용하고 '받아들임'을 선택하는 것이다.

완전히 받아들인다는 것은 자신의 삶을 완전히 수용한다는 뜻이다. 자신의 생각이나 분별이 망상임을 깨달아야 한다. 자신이 통제할 수 없는 일에 대항하지 말고 삶의 흐름을 온전히 받아들이라. 그 결과는 법계에 맡긴다. 자신의 고집을 내려놓을 때 비로소 삶의 흐름이 통째로 보일 것이다.

하루에 일정 시간을 할애하라. 생각을 내려놓고 고요히 머물라. 근원에 머물고, 심층마음이 나오는 인식의 바탕 자리에 집중하라. 자신의 심층마음참나의식에게 모두 맡기라. 고요하고 텅 빈 자리에 온전히 맡기고 공적영지의 마음과 하나가 되는 것이다.

나를 내려놓을 때 고요해지고, 에고가 침묵하면 불성佛性이 개입한다. 나의 작은 에고가 죽으면 그 자리에 거대한 심층마음佛性이 들어온다.

성찰과 직관

자신을 돌아보는 삶이 필요하다. 이를 수행이라고 부를 수도 있고 성찰이라고 할 수도 있겠다. 몸을 보살피고, 마음을 관찰하되, 자신의 삶을 성찰해 본다.

무엇보다 자신의 실존적 삶을 직관直觀해 보아야 한다.

심층마음이 무엇인지를 직관해 보라.

나는 누구인가? 나는 어디에서 와서 어디로 가는 가? 나의
실존은 무엇이며, 존재의 근원은 무엇인가?

존재의 근원에 대한 의문이 해소되지 않는다면, 근본적인 불안은
해소될 수 없을 것이다. 부와 명예, 지위로는 해결될 수 없는 문
제이다. 경제적 사정이 나아지고, 사회적 지위가 올라간다고 하
더라도 실존적인 불안감은 여전히 거기 있다.

니체의 삶

니체는 평생 병마病魔를 달고 살았지만 힘과 생명력의 철학을 완
성시켰다. 그는 이렇게 말했다. "나를 죽이지 못한 시련은 나를
더욱 강하게 할 뿐이다."

— 『니체의 삶』

니체의 삶을 한번 살펴보자. 니체는 일생 내내, 주기적으로
때론 간헐적으로, 몸이 무너져 내리는 삶을 살았다. 평생 동안 자
신을 괴롭힌 불안감을 달고 살았다. 소렌토, 베네치아, 니스 등 평

생 유럽의 경치 좋고 따뜻한 곳을 찾아다녔지만, 몸 상태는 계속 나빠졌다. "미친 듯이 발작을 일으키고 피를 토했다. 몇 번이나 죽음이 눈앞에 닥쳤고, 정말로 죽기를 바랐던 순간도 여러 번 있었다."[199] 만성적 질병인 극심한 두통과 귀의 종기, 위장 염증, 구토, 어지럼증 등으로 일생 동안 시달렸다.[200]

하지만 그의 정신은 강했다. 아니 오히려 아플수록 더욱 단련되었다. 철학의 사유는 더욱 깊어졌다. 그는 이렇게 외쳤다. "나를 죽이지 못한 시련은 나를 더욱 강하게 할 뿐이다."

도스토옙스키의 삶

> 도스토옙스키는 모진 세월을 살았다. 하지만 그의 혹독한 시련은 자유라는 정신으로 돌아와 사람들에게 주옥같은 작품을 선사했다.
>
> — 도스토옙스키의 삶

도스토옙스키의 삶은 더 극적이다. 도스토옙스키는 28세에 내란음모 혐의로 체포되어 사형이 선고되었다. 형장의 이슬로 사라질 뻔한 경험을 한 그는 이렇게 회상했다. "나는 그때 심각한 공포를 느꼈어요. 오 분 뒤에는 다른 세상, 전혀 모르는 세상으로 갈 거라는 생각에 완전히 압도당해 있었지요."[201]

하지만 운 좋게 황제의 가짜 처형식에서 벗어난 이후에도 그는 10년간 수감, 유형살이를 해야 했다. "팔 개월간의 독방 생활, 처형 직전에 획득한 사면, 시베리아 유형지에서의 징역살이"[202]로 인해 그의 건강은 돌이킬 수 없이 망가졌다. 체력은 소진될 대로 소진되었지만, 그 역시 정신력은 밧줄처럼 강건했다.[203] "보통 사람이라면 상상하기도 싫은 인생의 소용돌이를 거치면서,"[204] 그는 오히려 자유를 깊게 성찰할 수 있었던 것이다.

도스토옙스키는 지옥의 시간을 보내면서도 희망의 끈을 놓치지 않았다. 지옥 같았던 감옥과 형벌의 현장에서 그는 다양한 군상 群像의 인간들을 체험했다. "초라한 악, 비천한 악, 허접한 악, '육이 영적 특성을 제압한다.'는 것이 무슨 뜻인지를 극명하게 보여주는 악,"[205] 그는 이 모든 악들을 만나고, 또 깊이 관찰했다. 그랬더니 모순적이게도 그들은 '자유'를 깊이 갈구하고 있었다. 그들의 저급함과 폭력성은 인간 정신의 무의식적 충동과 갈급함의 표현이었다. 그들의 무의식적 욕망은 그들의 존재감을 스스로 증명하고자 하는, 스스로의 타고난 존엄성을 인정받고자 하는 욕구의 표출이었던 것이다.[206] 마침내, 그는 "자유란 인간의 육신과 정신 모두를 연결하는, 모순적이고 환상적이며 또 대단히 현실적인, 그러나 어쨌든 어마어마한 것임을 깨달을 수 있었다."[207] 그리고 이러한 자유에 대한 깊은 성찰은 그의 모든 작품에 투영되었다도스토옙스키『죽음의 집의 기록』[208]

니체나 도스토옙스키처럼 극단적인 경우가 아니라도 우린 모두 고통에 처한다. 건강에 대한 걱정, 미래에 대한 걱정, 죽음에 대한 걱정 등 다양한 형태의 불안과 우울에 시달리기도 한다. 일상적인 자잘한 불안이나 두려움에 빠져 마땅히 해야 할 행동을 미루거나 지연시키기는 일도 다반사다.

우리는 앞에서 일관되게 심층마음을 논의했고, 심층마음이 주는 순수의식의 기쁨을 논했다. 아래에서는 5초의 법칙이라는 다소 현실적인 방법을 통해 삶과 하나되는 법을 이야기해보기로 하자.

Chapter 17

결단과 실행력

당신의 삶을 변화시키기 위해 지금 해야 할 것은 일상에서,
용기 있게, 스스로를 행동으로 밀어붙이는 것이다.

— 멜 로빈스

심층마음: 5초의 법칙

우리 모두는 최고의 모습에 도달할 수 있지만, 이를 가로막는
것은 우리의 감정과 두려움 때문이다.

— 멜 로빈스, 『5초의 법칙』

5초의 법칙은 '당신을 시작하게 만드는 빠른 결정의 힘'이다.
저자 멜 로빈스의 주장은 간단하면서도 강력하다.

우린 누구나 성공을 꿈꾸지만 무엇을 하면 좋은지 몰라서 못하
는 사람은 없다. 누구나 오프라 윈프리처럼 혹은 빌 게이츠처럼

되고 싶지만 '실행action'에 옮기지 못한다는 게 차이점이다. 막연한 긍정적 사고나 시크릿 혹은 동기 부여 이론으로는 안 된다. 강력한 법칙이 필요하다. 그녀는 우리 뇌의 나쁜 습관을 타파하는 5초의 법칙을 제시했다.

5초의 법칙은 심층마음으로 들어가는 관문이다.

멜 로빈스는 말한다. "당신은 우리가 얼마나 자주 아침에 일어나는 걸 힘들어 하고, 운동하러 밖에 나가는 걸 싫어하는 느낌을 갖는지 인지하고 있는가?"[209]

5초의 법칙은 우리 뇌의 메타인지 기능을 활용하여 심층마음으로 들어가는 길을 안내한다. 전두엽 피질pre-frontal cortex에서 담당하는 메타인지meta-cognition를 활용한다. 이것은 우리 뇌의 상위 차원에서 에고의 장난이나 핑계를 강력하게 통제하는 기능이다. 에고의 장난은 수도 없는데, 우리는 하루에도 수없이 망설이고 행동하길 주저한다. 아침에 일찍 일어나는 걸 힘들어하고, 운동하러 나가는 것을 싫어하고, 건강에 안 좋은 줄 알면서도 술이나 담배에 쉽게 빠져든다. 에고의 장난은 표층의식에서 일어나는 대표적인 핑계들을 대변하는 용어이다.

에고의 핑계에 빠져서 우리 마음이 우울해지는 일도 다반사다. 우리 마음이 표류하는 것이다. 이때 방향을 전환시켜 주는 것이 5초의 법칙이다. 즉, 이 법칙은 마음이 표류하기 전에(5초의 시간이 흐르기 전에) 이를 바로잡아 방향을 돌려준다.

멜 로빈스의 삶

멜 로빈스는 세상의 많은 사람들에게 희망과 용기를 주었다. 그녀는 큰 시련을 통해 인생을 변화시키는 힘을 발견했다.

— 멜 로빈스, 『5초의 법칙』

『5초의 법칙』의 저자인 멜 로빈스는 보스턴에서 거주하던 소위 잘나가던 변호사였다.

다트머스대학교와 보스턴칼리지 로스쿨을 졸업하고, 전도유망한 20대를 보냈던 그녀에게 닥친 시련 역시 만만치 않은 것들이었다. 사업의 파산, 단절된 경력, 이혼 위기에 직면한 부부관계, 심각한 불안증과 알코올 중독이었다. 자신의 전부인 자녀들과 함께할 수조차 없었던 그녀는 변화와 새로운 시작 앞에서 자신을 주저하게 만들었던 불안감과 두려움을 이겨내기 위해 내적인 투쟁을 하고 있었다. 그리고 마침내 그녀는 5초의 법칙을 깨닫게 되었다. 그녀는 사소한 일상에서 작은 용기를 냈다. 그저 '5-4-3-2-1' 숫자를 거꾸로 세는 것만으로 침대에서 스스로를 일으켜 세울 용기가 생겼고, 5초의 법칙을 이용해 마침내 아침을 지배하고 인생을 변화시키는 힘을 발견했다.[210]

그리고 그것은 비단 아침에 일어나는 용기만이 아니었다. 일상에서 수도 없이 겪게 되는 불안과 작은 결정 속에서 어떻게 할 때 우리가 불안에서 탈출할 수 있는지, 새로운 동기 부여를 통해 용기를 내고 실행에 몰입할 수 있는지 방법과 함께 과학적인 근거를 제시했다.

"당신의 삶을 변화시키기 위해 지금 해야 할 것은 일상에서, 용기 있게, 스스로를 행동으로 밀어붙이는 것이다."[211]

그녀는 이러한 공식 TED 강연에서 단번에 1,000만 명의 마음을 사로잡은 동기 부여 전문가로 발돋움했다. 이 강연에서 그녀는 처음으로 '5초의 법칙'을 소개했으며, 이후 수많은 사람들의 일상을 변화시켰다.[212]

걱정쟁이

멜 로빈스는 우리 스스로를 '걱정쟁이'라고 부르지 말라고 한다. 걱정이 많은 사람도 걱정하는 습관을 가졌을 뿐, '걱정쟁이'는 아니라는 것이다. '걱정쟁이'가 되면 못 벗어나지만 걱정하는 습관이야 얼마든지 타파할 수 있기 때문이다.

걱정하는 습관, 불안, 우울과 같은 정신 작용은 뇌의 기저 핵에서 출발한다. 습관적으로 너무 걱정하거나 불안해하는 사람은 걱정의 어떤 순환 고리loop에 빠져 있는데 현대 뇌과학은 여기에서 탈피하는 법을 제시하고 있다. 그게 5초의 법칙이다.

5초의 법칙을 통해 5, 4, 3, 2, 1을 거꾸로 외면서 바로 행동just do it에 들어갈 수 있다. 그렇게 되면, 우리 뇌의 기저 핵편도체, 시상하부, 뇌간에서 자기도 모르게 작동되는 습관적 고리를 타파할 수 있다.

전두엽

5초의 법칙은 전두엽을 활성화시킨다. 전두엽이 활성화되면 뇌간이 깨어나면서 우리의 생명력을 극대화시킨다. 뇌간의 망상활성계RAS, 망상피질활성계가 깨어나면서 불필요한 정보나 부정적 정보를 차단시키는 힘이 강해지는 것이다. 번뇌와 망상은 줄어들고, 명료한 의식 상태가 유지되면서 직관과 창의력은 고조된다.

전두엽이 활성화되었다는 의미는 의식이 고요하고 깨어 있으며 판단과 분석은 명료한 상태를 뜻한다. 현존과 존재를 중시하지만 실행이 필요할 때는 머뭇거림이나 주저함이 없이 바로 행동에 들어간다. 평소에는 고요한 의식 상태에 머물지만 필요할 때에는 바로 "Just Do It" 혹은 "Start Living"한다. 존재 중심의 행동형이다.

역산 기법

5초의 법칙은 역산 기법backward countdown trick을 활용한다. 즉, 5, 4, 3, 2, 1 등으로 역순으로 수를 세는 기법을 사용한다. 이것은 그 자체로 중요한 의미가 있는데, 이러한 역산 기법은 우리 뇌에서 진행되는 부정적 사고의 흐름을 개입하여 막아주는 효과가 있기 때문이다. 부정적 사고의 흐름은 보통 우리 뇌의 기저 핵에서 진행되는데, 역산 기법은 이를 정지시키고, 더 나아가 이러한 흐름을 통제하면서 주도할 수 있도록 해 준다.

예를 한번 들어보자. 가령, 아침에 침대에서 일어나기 싫을 때, 운동하러 밖에 나가기 귀찮을 때, 공부하러 도서관에 가기 싫을 때, 5초의 법칙을 적용할 수 있다. 우리 무의식의 에고는 수많은 핑계를 만들어 낸다. "몸이 안 좋아. 날씨가 안 좋아. 어차피 늦었어……." 등등. 이때 5초의 법칙은 이러한 에고의 구시렁대는 소리를 잠재우고 바로 실행에 돌입하도록 도와준다.

우리 모두가 알고 있듯이, 성공하려면 어렵고 불확실하거나 두려운 것들을 해야 한다. 때론 직면해야 하고, 실행에 돌입해야 하는 것이다.

> 멜 로빈스는 말한다. "일상은 두렵고 불확실하고 어려운 순간들
> 로 가득하고, 그런 순간 대담하게 맞서 인생에서 기회를 얻고
> 즐거움을 누리려면 엄청난 용기가 필요하다. 5초의 법칙을 통해
> 얻는 것이 바로 용기다."[213]

내적 통제장치

성공한 사람들은 '내적 통제장치internal locus of control'가 발달해 있
다. '내적 통제장치'란 자신의 행동을 통제하는 장치를 말한다. 이
것이 발달된 사람은 일상의 매 순간 자신에 대한 결정과 행동을
자기가 원하는 대로 통제하는 데 익숙하다.

반면, '외적 통제장치'에 더 익숙한 사람은 모든 일의 결과를
외부 탓으로 돌린다. 환경 탓, 가족 탓, 국가 탓, 운수 등으로 돌리
면서 외부 사건이나 사람들을 비난한다. 따라서 내적 통제 장치가
발달한 사람이 더 행복하고 생산적이며 성공하게 된다.

우리 뇌의 스위치를 전환시키는 기법을 알게 되면 우리도 그
렇게 될 수 있다. 한번 다음과 같은 절차를 밟아보자.

먼저, 우리 뇌에서 기저 핵과 전두엽 피질의 위치를 확인해두
라. 우리의 행동이 매순간 어려움을 겪을 때마다 걱정이나 두려움에 빠지
려는 순간, 혹은 해야 하지만 하기 싫은 감정에 사로잡히려는 순간 뇌의 가장 아래쪽

에 위치한 기저 핵으로 부터 5초의 시간 안에 5 ⇨ 4 ⇨ 3 ⇨ 2 ⇨ 1 전두엽 피질로 사고의 중심locus of thinking이 전환된다고 상상해 보자.

> 겁쟁이 같은 기분이 들었다가도 '5, 4, 3, 2, 1' 숫자를 세면 용감하게 행동할 수 있다. (……) 의구심이 들 때마다 '5, 4, 3, 2, 1' 숫자를 거꾸로 세며 의구심을 이겨내고, 나도 할 수 있다고 스스로에게 증명할 수 있다. 두려움을 이겨내고 '5, 4, 3, 2, 1' 숫자를 거꾸로 세며 행동할 때마다 내면의 힘을 발견할 수 있다.[214]

> 이를 자주 연습해 보자. 그리고 바로 지금 이 순간을 수용하자. 내 삶을 신뢰하고, 우주의 흐름에 믿고 맡기자. 지금 이 순간을 기꺼이 받아들이는 '선택'을 하자.[215]

> 5~10초면 된다. 연습해 보라. 몇 번 해보면 하는 것이 쉬워질 것이다. 그것이 이어지면 새로운 습관으로 자리 잡을 것이다. 더 이상 에고의 유혹 혹은 핑계에 넘어가지 않는다.

촉발 에너지

성공한 사람들은 촉발 에너지의 달인들이다. 우리가 부정적 습관을 타파하기 어려운 이유는 '촉발 에너지activation energy' 때문이다.[216] 자동차에 시동을 걸 때는 엄청난 초기 에너지를 필요로 하듯이, 우리 마음도 처음 시작할 때 엄청난 에너지를 필요로 한다. 특히 어렵고 불확실한 일, 두렵고 새로운 일에 도전할 때에는 더 큰 에너지를 필요로 한다.

5초의 법칙을 우리 삶에 적용하게 되면 순간적으로 전두엽 피질을 일깨워 촉발 에너지를 쉽게 얻는다. 그리고 보다 장기적 관점에서 우리 뇌의 신경조직들이 연결되기 때문에 긍정적 행동 패턴이 새로운 습관으로 자리 잡게 된다.

지금 바로 실행하라!

성공한 사람들은 강력한 실행력을 가지고 있다. 강한 '출발 명령어'를 가지고 있기 때문인데, 그것은 부정적 습관에서 긍정적 신호로 전환시켜 주는 강한 명령어, 예컨대 "START LIVING! 지금 바로 실행하라!"와 같은 것이다.[217]

> 이것은 부정적인 고리를 끊어내고 밝은 영역을 촉발시키는 자기와의 약속이다. 그 약속은 더 이상 머뭇거리지 말고 "지금 시작하라!"는 명령이다. 그것이 "START LIVING!"이다. 그것은 지금 바로 너의 삶 속으로 들어가라는 명령이기도 하다.[218]

예를 들어 보자. 가령, 5, 4, 3, 2, 1을 역산으로 암기하면 부정적 습관의 연결고리를 효과적으로 차단하게 된다. 특히, 1을 외칠 때 전두엽 피질은 START LIVING의 명령어가 걸리도록 자기 암시를 해 두는 것이다. 또 다른 예로는, "한다. 해야 한다. 할 수 있다" 역시 마찬가지이다. 이러한 주문 역시 전두엽 피질에게 강한 초기 명령어로 작동한다.

> 5초의 법칙을 진행하면 부정에서 긍정으로, 기저 핵에서 전두엽 피질로 바로 옮겨가는 명령을 상기시키는 것이다. 20번도 좋고, 40번도 좋다. 계속 하다 보면 자동적으로 된다.

심층마음의 깊은 곳까지도 들어간다. 그렇게 되면 '내면의 밝음'이라고 불리는 순수의식으로까지 들어갈 수 있다. 그곳에서 텅 빈 무한함을 느끼며, 깊은 현존 속에서 안식과 평화를 느낄 수 있다.

Chapter 18

직관과 창의성

영혼의 지혜는 진정한 힘이 무엇인지,
어떻게 힘을 얻어야 하는지에 대해 알고 있다.
─ 게리 주커브, 『영혼의 자리』

심층마음: 직관과 창의성

심층마음은 우리를 내면의 창으로 안내한다. 내면의 창으로 들어가면 직관과 창의성을 만난다. 그곳에서 뜻밖의 발견, 번쩍이는 아이디어, 놀라운 창의성을 발견한다.

직관과 창의성의 본질은 무엇일까? 도대체 어떤 경로를 통해 발현되는 것일까?

그것은 우리가 심층마음을 발견할 때 생긴다. 그곳에서 우리 마음의 내면의 창窓을 열 때 생겨난다.

우리에게는 외부의 창과 내면의 창이 있다.[219] 외부의 창은 우리가 일상에서 표층의식의 오감五感을 통해 받아들이는 감각현상이 일어나는 곳이다. 눈으로 보고, 귀로 듣고, 코로 냄새 맡고, 혀로 맛을 느낀다. 또한, 피부로 촉감을 느낀다. 이처럼 우리의 감각기관이 작동되는 표층의식은 모두 외부의 창에서 움직인다.[220]

하지만 때때로 우리는 외부의 창을 거둬들이고 내면의 창으로 들어간다. 참선이나 독서삼매에 빠졌을 때, 엄청난 광경에 압도되었을 때, 순수의식에 몰입되었을 때, 우리는 심층마음을 만난다. 그곳에서 마음을 열고 텅 빈 고요함에 앉아 있으면 밝은 알아차림이 솟아오른다. 그것은 내면의 새로운 창이다. 그곳에서 우리는 직관과 감성, 뜻밖의 발견, 번쩍이는 아이디어를 만난다.

꿈이나 최면을 통해 또 다른 상상력의 세계에 들어갔을 때에도 마찬가지이다. 말하자면, 생각과 번뇌로 분주한 표층의식을 거둬들이고, 깊고 고요한 심층의식으로 들어갈 때, 새로운 아이디어, 직관, 창의성을 만난다.

내면의 창

재미있는 비유를 하나 들어보자. 정책학에는 정책의 결정과 변동을 널리 설명하는 정책흐름모형J. Kingdon이 있다. 평소 문제의 흐름, 정책의 흐름, 정치의 흐름이라는 흐름들이 독립적으로 흐르고 있다가 극적인 사건이 발생하면 이것이 촉발제가 되어 세 흐름이 하나로 합쳐지면서 정책의 창이 열리게 된다는 이론이다.

> 이를 우리 의식의 흐름에도 적용할 수 있다. 평소 초의식, 잠재 의식, 현재의식이 독립적으로 흐르고 있다가 외부에서 색성향 미촉법色聲香味觸法: 빛, 소리, 냄새, 맛, 촉감, 대상이라는 여섯 가지 경계境, 塵가 들어와 우리 몸의 안이비설신의眼耳鼻舌身意: 눈, 귀, 코, 혀, 몸, 뜻라는 여섯 가지 기관根을 촉발시키면,[221] 안이비설신의眼耳鼻舌身意: 눈, 귀, 코, 혀, 몸, 뜻라는 여섯 가지 의식識 작용이 발생하게 된다.

텅 비고 고요한 근원에 중심을 두어야 한다. 그것은 심층마음의 불성이다. 전체가 하나로 텅 빈 고요한 그리고 밝은 알아차림으로 가득한 심층마음에 집중할 때 우리의 내면은 가장 깊고 오묘한 불성순수의식의 창이 열리게 된다. 그렇게 되면 직관과 창의성의 보고寶庫로 들어갈 수 있다.

직관적 지혜

> 우리 내면에는 직관지가 있다. 이는 1차 인식이며, 그릇된 망상이나 분별에 의해 오염되지 않은 지혜이다.
> ─ 엘프리다 뮐러-카인츠, 『직관력은 어떻게 발휘되는가』

우리 내면에는 직관지가 있다. 이는 1차 인식이며, 그릇된 분별이나 해석에 의해 오염되지 않은 지혜이다.

이에 반해 그릇된 자아에고, 제7식, 오염된 이성을 오성이라고 한다. 우리의 두뇌좌뇌는 1차 순수 인식을 자기 방식대로 분별하고 해석하여 취사 간택하는 마음을 발생시킨다. 이것은 2차 인식으로서 오염된 이성[222]이다.

오염된 이성을 바로잡는 힘은 바른 직관 즉 밝은 알아차림이다. 밝은 알아차림은 안에도, 밖에도, 테두리에도 있다. 전체가 알아차리고 있다. 그것은 심층마음의 본래 각성으로 인해 그러하다. 우리가 심층마음의 밝은 알아차림에 집중할 때 직관적 지혜intuitive wisdom가 증진되는 것이다.

직관의 창의성

직관은 우리를 창의적으로 만든다. 직관과 감성을 활용하면 내면의 창의성을 발현시킬 수 있다.
— 바스 카스트, 『지금 그 느낌이 답이다』

바스 카스트의 저서 『지금 그 느낌이 답이다』[223]는 직관이 어떻게 우리를 창의적으로 만드는가에 대해 알려주고 있다. 그는 말한다. "우리는 새롭고 창의적인 아이디어를 얻기 위해 끊임없이 고민한다. 고민하고 고민하다 보면 참신하고 창의적인 생각이 떠오르지 않을까 기대한다. 하지만 안타깝게도 이성의 힘을 빌려 심사숙고 끝에 얻은 아이디어들은 하나도 창의적이지 않다. 왜 그럴까? 그렇다면, 창의적인 아이디어는 어디서 오는 것일까? 진정 새로운 것은 어떻게 탄생하는가?"[224]

우리에게는 직관자아가 있는데, 이것은 언어자아의 아래에 숨어 있는 첫 번째 자아이다. 이러한 직관자아를 직시할 때, 우리의 감성과 직관, 천재성은 꽃 필 수 있다. 하지만 이게 쉽지 않다. 바스 카스트의 말처럼, "이 자아는 말을 하지 않는다. 언어와 논리로 자신을 표현할 수 없는 것이다. 오히려 감정으로, 우리의 몸과 행동으로 말한다.[225] 그 자아는 침묵하지만 다 알고 있고, 말하지 않고 나를 움직인다." 이것이, 춤, 율동, 진동의 중요성이다. 몸을 움직이면서 얻은 앎과 지혜가 훨씬 더 직관적인 이유이다.

니체는 말한다. 몸을 움직여라. 춤으로 표현하라. 비눗방울처럼, 때론 아이의 웃음처럼 가볍게 율동하라. 몸을 움직이지 않으면서 떠올린 생각은 생동감이 없다. 하루도 춤추지 않은 날은 내 삶에서 죽은 날들이다. 몸의 격동에서 오는 마음의 율동이 우리의 직관과 창의성을 흔들어 일깨운다.

하지만 그게 전부일까?

심층마음은 감성과 직관, 창의성의 보고이다. 고요하고 텅 빈, 그리고 밝게 알아차리는 공적영지의 마음에 집중하라. 화두 일념을 통해 전체적 근원을 관하라. 이러한 심층마음으로 들어가는 연습이 깊어지면 감성과 직관, 창의성은 더욱 꽃을 피우게 될 것이다.

차 한 잔의 여유

> 자신이 원하는 바가 무엇인지 깨닫고 성취하기를 바라는 목표를 선택하며 그것에 집중하면 성공하게 된다.
>
> — 맥스웰 몰츠, 『성공의 법칙』

성공한 사람들은 아침에 일찍 일어나 하루를 좀 더 여유 있게 출발한다. 이런 사람들은 새로운 직관이나 아이디어도 풍부하다.

"자신의 아침을 통제하는 일은 효율성에도 유리하지만,[226] 자신의 삶을 주도할 수 있다. 이들은 주로 성취지향형이 많지만 예술이나 문학 등 창작을 하는 사람도 있다. 이들은 아침에 일찍 일어나 따뜻한 샤워를 하면서 차 한 잔을 하거나, 가벼운 스트레칭을 한다. 가벼운 산책을 하면서 좋아하는 음악을 듣기도 한다."

자신을 통제하는 힘

> 성공한 사람들은 강한 자기 주도권을 갖는다.
> 그들의 선택은 주도적이며 능동적이다.
>
> __ 맥스웰 몰츠, 『성공의 법칙』

성공한 사람들은 자신의 통제에 능숙하다. 한편 자신이 통제할 수 없는 상황은 빠르게 수용한다. 거부하지 않고 즐거운 마음으로 결정한다. 결정은 자기 선택권을 의미하며, 주체적 선택과 능동성을 뜻한다.

이들은 부정적이거나 우울한 생각 고리negative loop에 좀처럼 빠져들지 않는다. 마음이 그러한 기분으로 표류하려고 하면 재빨리 탈출하여 고요함과 밝음의 영역으로 들어간다.

고요함과 명료함은 두뇌의 전두엽 피질pre-frontal cortex에서 나온다.[227] 그곳은 고요함과 밝은 알아차림의 영역이며, 심층마음으로 깨어 있는 곳이다. 우리는 그곳에 머물 때 정신은 명료明瞭해지고, 직관과 창의성은 더욱 증가하게 된다.

마음의 안식

5초의 법칙은 강력하다. 하루에도 수십 번 머뭇거리거나 방황할 때, 표류하거나 신속한 행동이 필요할 때, 5초의 법칙은 강력하게 작동한다.

하지만 5초의 법칙이 만능은 아니다. 그리고 중요한 예외가 있다. 그것은 우울감이나 무력감에 심하게 빠진 경우에는 조심해야 한다는 것이다. 이런 경우에 오히려 심하게 밀어붙인다면 마음은 더 다치고 힘들어질 수 있다. 마음은 최대한 조심스럽게 다루어야 한다. 또한 심층마음의 철학에 비해 매우 기술적인 테크닉이라는 점도 알아두기로 하자.

마음은 때론 아이와 같다. 잘 달래서 조심스럽게 데려가야 할 때가 있는 것이다. 윽박지르거나 야단친다고 되는 것은 아니다.

이럴 때는 충분한 휴식을 통해 치유하고 나면, 마음은 다시 생동감이 돈다. 몸이 지쳤을 때 휴식이 필요한 것처럼, 마음도 마찬가지이다. 충분히 힐링했을 때 몸과 마음이 가뿐해지고 얼굴에는 생기가 돈다.

고요함이 주는 지혜

화두, 몰입, 집중은 모두 내면의 창으로 들어가게 해준다.[228] 표층

의식이 작동하는 외부의 창에서 심층마음이 주는 내면의 창으로
들어갈 때 창의성이 샘솟는다. 내면의 창이 열리는 것이 핵심이
다. 내면의 창이 열리려면 책에 몰입하거나 일에 몰입하거나 화두
에 몰입해야 한다. 내면에 집중했을 때 심층마음의 창이 열린다.

번뇌와 망상이 화두 하나로 모아지고, 일념 집중이 잘되어
무념으로 깨어 있게 되면, 우리는 내면의 창을 만난다.

> "오직 모를 뿐!"²²⁹ 혹은 "이게 뭐지?"라는 화두를 통해 일념, 몰
> 입에 들어간다면, 공적영지의 마음을 통해 심층마음으로 들어
> 갈 수 있다면, 그리고 그곳에서 순수의식을 만난다면, 그러한 마
> 음의 상태는 순수하고 고결한 것이다. 직관과 창의성이 꽃피는
> 자리이다.

직관과 감성, 창의성에 귀 기울이며 열린 자세로 산다면 고
요함이 주는 기쁨과 지혜를 만난다. 그리고 심층마음에 머물며 계
절의 변화에도 감사하게 된다. 자연에서 주는 소리에 귀 기울이
며, 꽃과 자연이 주는 기쁨에 고마워한다. 직관과 창의성이 샘솟
는 것이다.

심층마음: 공동체에 대한 사랑

> 심층마음의 종착지는 휴머니즘이다. 완전한 존재가 되기 위해서는 정직과 솔직함 그리고 용기를 가지고 자신을 들여다보아야 한다.
>
> ─ 게리 주커브, 『영혼의 자리』

심층마음의 귀결은 휴머니즘이다. 우리가 고요함에 드는 이유는 순수의식을 찾기 위함도 있지만, 심층마음 속에서 진정한 지혜를 얻고 궁극적으로 행동하기 위해서이다. 고요함은 행동으로 나타난다. 고요함이 귀찮은 일을 피하기 위한 핑계가 되어서는 안 되는 것이다.

진정으로 성숙한 사람은 "타인의 고통에 대한 감수성, 타자에 대한 이해와 공감"[230]으로 나타난다. 작가 수전 손택은 이렇게 말했다. "타인의 고통에 연민을 보내는 것만으론 부족하다. 그 고통을 쳐다볼 수 있는 우리의 특권이 그들의 고통과 연결되어 있을지도 모른다는 사실을 숙고해야 한다."[231]

원효스님은 일심一心사상을 강조했다. 세상은 표층의식에서 차이가 있기에 '하나'는 아니지만, 심층마음에서 모두 만나기에 '둘'도 아니다. 이는 "동일성을 부정하고 존재의 다양성을 인정하되 하나로 화합하는" 정신을 의미한다.[232] 그리고 이러한 철학은 심층마음의 성자신해性自神解의 원리, 일즉다—即多 다즉일多即—의 화엄사상[233]으로부터 나온다.

고요함은 지혜이며, 지혜는 행동으로 나타난다. "좋은 사람이 되고 싶고 좋은 기분을 느끼고 싶다면 반드시 좋은 행동을 해야 한다. 도움을 요청하는 소리가 들리거든 지체 없이 뛰어들어라. 도움이 필요한 사람을 보거든 손을 내밀어라. 할 수 있는 곳에서 당신이 할 수 있는 친절을 베풀어라."[234]

고결한 생각과 정신적 활동은 하나이지만 정말 중요한 것은 당신이 무엇을 하느냐이다. 우리가 이상적인 정신 상태를 유지할 수 있는가 하는 것은 결정적인 순간에 우리가 몸으로 어떤 행동을 하느냐에 달려 있다.[235]

심층마음으로부터 영혼의 고요함을 얻은 사람은 인내, 이해, 감사, 사랑, 그리고 실행력의 형태로 그 고요를 드러내게 된다.[236]

한 쪽 문이 닫히면 다른 문이 열리고…… 다른 방, 다른 곳에서 다른 사건이

일어난다……. 떠남은 다른 곳에 다다르는 것으로 이어진다.

헬렌 니어링, 『아름다운 삶, 사랑 그리고 마무리』

의식의 탐구

심층마음: 나는 누구인가?

심층마음은 분별 그 너머에 있다. 표층의식에 머무는 것이 아니라 우리 마음의 심층부에 있다. 그것은 진정한 나는 누구인가를 묻고 있다. 심층마음이 진정한 나의 참모습이기 때문이다.

나는 누구인가? 진정한 나는 누구인가?

우리는 지금껏 몸을 나라고 여기며 살아왔다. 내 몸을 금쪽같이 여겼고, 몸이 조금이라도 아프면 두려움에 빠진다. 내가 배고프면 먹어야 하고, 내가 살기 위해 뛰어야 했다. 돈을 벌어야 하고 돈이 없으면 불안에 빠진다. 그러다 보니 남과 경쟁해야 하고 짓밟히지 않기 위해 저항해야 했다.

또 지금껏 마음을 나라고 여기며 살아왔다. 내 생각, 감정, 느낌이 모두 나인 것처럼 느끼며 살아왔다. 내가 불안한 생각이 들면 그 불안이 곧 나였고, 내가 우울한 느낌이 들면 그 느낌이 곧 나였다. 기분이 좋아지면 그 기분 좋은 느낌이 곧 나였다. 그러니 그 기분 좋은 느낌을 다시 꽉 잡으려고 애썼다. 그러다가 실패하면 공허한 느낌에 빠졌다.

그런데 정말 그럴까? 이 몸과 마음이 곧 나일까?

몸은 자꾸 바뀐다. 우리 세포는 7년이면 완전하게 다른 세포가 된다고 한다. 그럼 나라는 느낌도 7년마다 바뀌었는가? 어릴 적 나에 비해 내 몸은 키나 몸무게가 훨씬 커졌다. 그럼 나라는 느낌도 키나 몸무게처럼 커졌는가?[237]

그럼, 마음은 어떨까? 내 생각, 내 감정, 내 기분은 수시로 변한다. 아침 느낌과 저녁 느낌은 완전히 다르다. 생각은 하루에도 오만 번 바뀐다. 그때마다 나라는 느낌원지 알 수는 없지만, '나'라는 그 느낌과 정체성도 바뀌었는가?

라마나 마하리쉬는 그의 고전적 명저 『나는 누구인가』에서 진아眞我라는 단어를 썼다. 그 참된 나는 몸, 피부, 살, 세포, 뼈, 혈액 그 무엇도 아니다. 생각, 감정, 느낌, 기분, 성격 그 어떤 것도 내가 아니다. 이 모든 것을 빼고 남는 것, 그 이름 붙일 수 없는 '그것'이 참된 성품이라고 했다.

모두를 위한 직관과 창의성

지눌스님은 『수심결』에서 이를 공적영지심이라고 했다. "아침부터 저녁까지 하루 종일 웃고 말하고 성내고 기뻐하는 등 온갖 행위를 하는 것은 범부의 마음이지만, 이 마음을 돌이켜 비추어 보면 어떤 소리도 분별도 없고 온갖 이름과 말을 붙일 수 없다. 그렇지만 모든 것을 붙일 수 없는空寂 그곳에 영지靈知가 항상 밝게 있어서 스스로 모든 것을 알고 있어서 공적영지심空寂靈知心"[238]이라고 했다.

유학에서는 주일무적, 거경궁리라고 하여, "하나에 집중하여 마음의 방일함을 없앤다, 또는 허령불매라고 하여 텅 비어 고요한 가운데 밝은 알아차림을 강조했다. 중용에서는 "천명지위성天命之謂性 솔성지위도率性之謂道 수도지위교修道之謂敎"라고 한다. 천명을 성性이라고 하고, 성을 따르는 것을 도道라고 하고, 도를 닦는 것을 교敎라 한다. 길은 천명을 따르는 것이다. 가르침이란 길을 닦아 천명본성을 밝히는 것이다. 그 원래부터 하나로 이어진 천명본성은 너무도 순수하고 깊어 일심, 진여, 심층마음이라고 부른다.

기독교 역시 "어린아이처럼 순수해져라. 심령이 가난한 자에게 복이 있나니"라고 하여 마음의 가난, 즉 고요함과 청빈을 강조했다. 서양 철학의 근원이 된 그리스의 스토아 철학 역시 평정심, 그리고 심층마음이 주는 영혼의 고요를 강조했다.

돌이켜 보면, 동서양의 모든 철학들의 가르침을 집약하면, "고요해라. 그리고 지혜를 찾아라"였다. 불교는 정혜쌍수라 하여 선정고요함, 禪定과 지혜智慧를 강조했다. 그 고요함과 텅 빔, 그리고 밝은 알아차림 속에서 지혜를 구하고자 한 것이다.

나는 어떻게 직관과 창의성을 향상시킬 것인가?

심층마음과 그가 주는 내면의 평화를 찾는 과정에서 인간 의식이 발달해 나가는 세 단계를 발견할 수 있다. 그것은, 1) 표층의식경쟁, 생존 중심의 삶, 2) 무의식을 정화하고 감성을 계발하는 삶, 3) 심층마음직관, 창의성으로 확장된 삶이다. 이러한 세 단계의 의식 계발이 본서를 관통하는 하나의 구조적 얼개였다.

첫 번째 삶은 표층의식(생존, 경쟁) 중심의 삶이다. 표층의식에 나타난 개체의 몸과 마음이 '나'의 전부라고 생각하며, 개체적 생각과 의지를 중요시한다. 사물이나 대상을 보자마자 머리로 판단하며, 분별하여 취사선택하는 마음이 강하다. 직관이나 감성보다는 생각 중심의 삶을 살며, 경쟁의식이 지나치게 발달해 있다. 존재로부터 오는 고요함이나 순수의식이 주는 기쁨보다는 생존 중심의 삶을 살게 된다. 경쟁이 주는 성공의 기쁨에 잠시 도취되기도 하나, 결코 만족하지 못한다. 인간이 지닌 근본적 불안과 실존적 아픔에 대해 명쾌한 답을 구하지 못하는 경우이다.

두 번째 삶은 무의식을 정화하고 감성을 계발하는 삶이다. 개체의 몸과 마음이 전부는 아니라고 생각하며, 무의식과 감성 등을 계발하기 시작한다. 육체보다는 조금 더 넓은 범위를 추구한다. 머리보다는 가슴에서 오는 기쁨이나 행복감을 중요시하며, 무의식의 정화를 통해 행복을 추구해 나가기도 한다. 하지만 이런저런 한계점에 부딪혀[239] 순수의식을 명쾌하게 발견하지는 못한다. 일상이 주는 작은 즐거움小確幸을 느끼기도 하지만, 현실적 제약에 갇혀 행복과 불행을 반복적으로 느끼는 삶을 산다.

세 번째 삶은 심층마음직관, 창의성으로 확장된 삶이다. 무의식을 넘어 순수의식으로 확장된 삶이며, 표층의식을 넘어 심층마음이 주는 전체와 존재의 기쁨을 느낀다. 머리와 감성을 넘어 근원이 주는 평안함을 인지한다. 삶과 죽음, 현생과 내생, 생각과 느낌 너머의 고요한 근원이 무엇인지를 알고 있으며, 심층마음에서 나오는 텅 빈 순수의식과 근원의 중요성을 인지하고 있다. 근원이 주는 고요 속에서 직관과 창의성이 최고조로 활성화된 삶을 살며, 사람들과 행복을 공유한다. 근원으로 들어가는 비결이 고요함, 텅 빔, 밝은 알아차림임을 잘 알고 있으며, 인생의 태도인식, 관점의 변화를 통해 현존의 기쁨을 누린다.

진정한 나를 찾고 직관과 창의성 계발하기

이렇게 보면 인간 의식이 성장하는 단계는 표층의식개체, 의지 ⇨ 무
의식정화, 감성 ⇨ 심층마음직관, 창의성의 3단계 과정을 거친다고 볼 수
있다.

이러한 논리적 모형을 염두에 두고 본서는 구성되었다. 이러
한 배경 속에서 영혼의 고요와 순수의식, 그리고 직관과 창의성을
증진시키는 방법을 제시하고자 했다. 제8식에서 일어나는 심층마
음에 대한 깊은 이해를 토대로 현상의 근원, 즉 생각이 일어나는

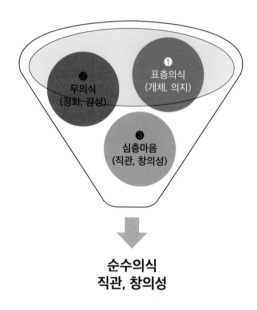

〈그림 5〉 의식의 단계: 진정한 나를 찾고 직관과 창의성 계발하기

고요한 근원에 깨어 있어야 한다. 이때 일어나는 의식을 순수의식 혹은 심층마음이라고 할 수 있다. 또한 이때의 심층마음은 공적영지의 마음이며, 이는 고요함, 텅 빔, 밝은 알아차림으로 표현할 수 있다.

이것은 마음을 대상화하지 않고 마음 자체를 인식하는 전체적 마음이며, 나와 너를 구분하지 않는 전체로서의 한마음 혹은 일심의 마음이다. 하지만, 우리는 제7식의 작용으로 표층의식에서 '내가 있다'라는 허구적 자아가 발생하며, 대상을 분별하고 나와 너를 갈라서 사유하게 된다.

따라서 본서에서는 먼저 직관과 창의성을 증진시키는 방법 (I)으로서 다음을 제안하였다.

- 제8식 이해하기: 심층마음
- 제7식 이해하기: 표층의식
- 현상의 근원을 자각하기
- 일념, 몰입, 화두, 집중
- 생각이 일어나는 고요한 근원에 깨어 있기

더 나아가 본서는 이러한 제8식, 제7식에 대한 이해를 토대로 직관과 창의성을 증진시키는 구체적 방법(II)으로 본서는 다음을 제안하였다.

- 순수의식 이해하기
- 자연이 주는 기쁨 속에서 영혼의 고요에 머물기
- 화두 일념을 통해 순수의식과 하나되기
- 비판적 사고를 통해 직관과 창의성 계발하기
- 용기를 내어 삶으로 뛰어들기
- 삶과 하나되기, 5초의 법칙

요약하면, 이러한 논리를 바탕으로 지금까지 순수의식, 직관과 창의성에 대해 다루었으며, 심층마음이 주는 깊은 성찰을 통해 고요함, 텅 빔, 밝은 알아차림을 논의한 것이다.

이러한 논의가 당신의 활기차고 행복한 삶의 계기가 될 수 있기를 바라며, 더 나아가 정책학에서 말하는 인간의 존엄이라는 가치에 한발 더 다가가는 인식론적인 토대가 될 수 있기를 희망한다.

나가면서

중요한 건 눈에 보이지 않아.
— 생텍쥐페리, 『어린 왕자』

우리는 고요함이 주는 기쁨과 지혜를 다루면서 심층마음에 대한 인문학적 고찰을 해 보았다. 고요함, 텅 빔, 밝은 알아차림을 통해 심층마음에 대해 한 걸음 더 다가가고자 했다. 또한, "나는 누구인 가?"라는 본질적 질문 속에서 인간의 존엄과 통찰의 지혜를 구하 고자 했다.

라스웰H. Lasswell은 1950년대 혼란했던 사회 정세를 극복하기 위 해 정책학Policy Science이라는 새로운 학문을 제창하면서 인간의 존엄성을 최고 가치로 내세웠다. 최근 코로나19 바이러스로 인 해 세계적 대역병大疫病, Pandemic이 창궐하고 수많은 사상자가 발 생하는 한편, 사람들의 일상이 무너져 내리고 있다. 또한 4차 산업 혁명이라는 새로운 기술의 파도는 다양한 형태의 불확실성을 고조시키고 있다. 따라서 우리는 묻지 않을 수 없다.

나는 누구인가? 인간의 심층마음과 표층의식이란 무엇이며, 전체와 개체란 무엇인가?

우리 내면에는 창조적 에너지가 있다. 그것은 피와 살로 이루어진 육체가 아닌 심층마음이 주는 본원적인 창조성이다.

몇 가지 함의

그렇다면, 현대의 불안과 집착, 망상을 극복하기 위한 담론과 그 방법론은 무엇인가?

본서는 이러한 문제들에 대한 해법을 찾고자 했다. 본서에서 제시한 함의는 다음과 같다.

- 심층마음을 찾아라. 그것은 어디에 있는가?
- 심층마음은 고요함, 텅 빔, 밝은 알아차림이 존재하는 곳이다.
- 심층마음은 개체적 차원의 생각, 감정, 오감이 발생하는 표층의식과 다르다.
- 심층마음을 불교에서는 아뢰야식阿賴耶識이라고 부르며, 이는 시간적으로나 공간적으로 우주 법계 전체의 정보種子를 저장, 관리, 운영하는 초월적 자리이다. 또한, 이곳은 우리의 순수의

식인 불성佛性을 함장하고 있는 자리이다.

- 순수의식은 그대 생각 이전의 자리, 그 근원에 있다. 언어와 분별이 끊어진 자리, 시간과 공간이 끊어진 인식의 근원 자리이다.

- 우리는 이곳에 공적영지空寂靈知의 마음을 통해 들어갈 수 있다. 공적영지空寂靈知의 마음은 고요함, 텅 빔, 밝은 알아차림이다. 그것은 전체에 대한 각성本覺이며, 우리는 이를 자기지自己知, 마음은 이미 마음을 안다를 통해 알 수 있다.

- 심층마음은 어떻게 접근하는가? 예컨대, 화두 일념을 공부하라. 혹은, 의식을 내면에 집중하여 몰입이 주는 기쁨을 경험하라. 독서삼매, 화두일념, 자연관찰 등을 통해 내면의 순수의식의 창을 활성화시켜라.

- 순수의식의 창을 활성화시키고 내면의 깊이를 더해가는 연습이 깊어지면, 심층마음, 공적영지의 마음을 통해 직관과 창의성의 달인이 될 수 있다.

우리 의식의 본질은 심층마음에 있다. 공적영지의 마음에 대한 깊은 통찰을 통해 순수의식을 느끼고, 고요함, 텅 빔, 밝은 알아차림 속에서 우리는 직관과 감성, 그리고 창의성을 증진시킬 수 있다.

우리는 깊은 내면으로 들어가 고요함과 텅 빔을 맛보고 공적영지의 마음에 머물 때 심층마음으로부터 흘러나오는 지혜와 기뿜을 누릴 수 있다. 텅 빈 고요 속에서 순수의식에 머무르며 전체로서의 존재를 자각하게 되는 것이다. 그때 우리는 진정한 자유로움을 느낀다.

모두를 위한 직관과 창의성

| 국내문헌 |

단행본

권기헌. (2007).『정책학의 논리』. 박영사.

권기헌. (2010).『정책분석론』. 박영사.

권기헌. (2012).『정의로운 국가란 무엇인가』. 박영사.

권기헌. (2013).『행정학 콘서트』. 박영사.

권기헌. (2014).『정책학 강의』. 박영사.

권기헌. (2017).『정부혁명 4.0 따뜻한 공동체, 스마트한 국가』. 행복한에너지.

권기헌. (2018).『정책학 콘서트』. 박영사.

권기헌. (2018).『정책학의 향연』. 박영사.

권기헌. (2019).『정책학의 지혜』. 박영사.

권기헌. (2021).『정책학의 성찰』. 박영사.

김상운. (2016).『왓칭2』. 정신세계사.

니체. (2007).『인생론 에세이: 어떻게 살 것인가』. 이동진 옮김. 해누리.

디팩 초프라. (2014).『마음의 기적』. 도솔 역. 황금부엉이.

라이언 홀리데이. (2020).『스틸니스』. 김보람 옮김. 흐름출판.

랄프 왈도 에머슨. (2016).『세상의 중심에 너 홀로 서라』. 강형심 옮김. 씽크뱅크.

로마노 과르디니. (2016).『삶과 나이: 완성된 삶을 위하여』. 김태환 옮김. 문학과지성사.

로맹 롤랑. (2006).『라마크리슈나』. 박임 · 박종택 옮김. 정신세계사.

로버트 란자, 밥 버먼. (2018).『바이오센트리즘: 왜 과학은 생명과 의식을 설명하지 못하는가?』. 박세연 옮김. 예문아카이브.

뤼 페리. (2015).『철학으로 묻고 삶으로 답하라』. 성귀수 옮김. 책읽는 수요일.

르네 듀보. (1975).『내재하는 신』. 김용준 옮김. 탐구당.

리처드 도킨스. (2007).『만들어진 신: 신은 과연 인간을 창조했는가?』. 이한음 옮김. 김영사.

마이클 뉴턴. (2011).『영혼들의 여행』. 김도희 · 김지원 옮김. 나무생각.

마이클 뉴턴. (2011).『영혼들의 운명』. 김지원 옮김. 나무생각.

마이클 뉴턴. (2019).『영혼들의 기억』. 박윤정 옮김. 나무생각.

마틴 셀리그만. (2014).『긍정심리학』. 김인자 옮김. 물푸레.

멜 로빈스. (2020).『5초의 법칙: 당신을 시작하게 만드는 빠른 결정의 힘』. 정미화 옮김. 한빛비즈.

바스 카스트. (2016).『지금 그 느낌이 답이다』. 장혜경 옮김. 갈매나무.

박찬국. (2017).『초인수업: 나를 넘어 나를 만나다』. 21세기북스

백완기. (2005).『한국 행정학 50년』. 나남.

사이토 다카시. (2015).『혼자 있는 시간의 힘』. 장은주 옮김. 위즈덤하우스.

사토 덴. (2020).『좋은 습관: 50부터 운을 내 편으로 만드는 좋은 습관』. 강성욱 옮김. 문예춘추사.

서옹스님. (2012)『임제록 연의』. 아침단청.

석영중. (2016).『자유: 도스토옙스키에게 배운다』. 예담.

소갈 린포체. (1999).『티베트의 지혜』. 오진탁 옮김. 민음사.

수 프리도. (2020).『니체의 삶: 역사상 가장 위대한 철학자 니체의 진정한 삶』. 박선영 옮김. 비잉(Being).

신영철. (2019).『신영철 박사의 그냥 살자: 지친 현대인을 위한 정신과의사의 조언』. 김영사.

아놀드 토인비. (2017).『역사의 연구』. 김진원 엮음. 바른북스.

박찬국. (2017).『초인수업: 나를 넘어 나를 만나다』. 21세기북스.

에픽테토스. (2014). 『자유와 행복에 이르는 삶의 기술』. 강분석 옮김. 사람과 책.

윌리엄 어빈. (2012). 『직언: 죽은 철학자들의 살아 있는 쓴소리』. 박여진 옮김. 토네이도.

윤홍식. (2015). 『논어: 양심을 밝히는 길』. 정당인 옮김. 살림.

이소윤·이진주. (2015). 『9번째 지능: 같은 재능, 전혀 다른 삶의 차이』. 청림출판.

전제남. (2018). 『참 나: True Self』. 제세.

정창영. (2000). 『도덕경』. 시공사.

정창영. (2000). 『바가바드 기타』. 시공사.

조앤 치티스터. (2013). 『무엇을 위해 아침에 일어나는가: 인생 오랜 질문들에 세상의 모든 지혜가 답하다』. 한정은 옮김. 판미동.

청화. (2008). 『마음의 고향 (3): 진여실상법문』. 상상예찬.

채사장. (2019). 『지적 대화를 위한 넓고 얕은 지식: 제로 편』. 웨일북.

최준식. (2015). 『무의식에서 나를 찾다』. 시공사.

칙센트 미하이. (2003). 『몰입의 기술』. 이삼출 옮김. 더불어.

칙센트 미하이. (2004). 『Flow』. 최인수 옮김. 한울림.

칙센트 미하이. (2006). 『몰입의 경영』. 심현식 옮김. 황금가지.

칙센트 미하이. (2009). 『자기진화를 위한 몰입의 재발견』. 김우열 옮김. 한국경제신문

캔디스 퍼트. (2009). 『감정의 분자』. 김미선 옮김. 시스테마.

켄 윌버. (2016). 『켄 윌버의 통합심리학』 조옥경 옮김. 학지사.

톰 스톤. (2010). 『평정심』 정채현 옮김. 아시아코치센터.

하워드 가드너. (2007). 『다중지능』. 문용린·유경재 옮김. 웅진지식하우스.

한나 아렌트. (2006). 『전체주의의 기원』. 이진우·박미애 옮김. 한길사.

헨리 데이비드 소로. (2017). 『월든』. 박연옥 옮김. 위즈덤 하우스.

논문

문상호 · 권기헌. (2009). "한국 정책학의 이상과 도전. 「한국정책학회보」. 18(1):
  1-27.

박민철. (2007). "The Life and Work of Sigmund Freud; 프로이트의 삶과 업
  적", 「한국정신분석학회지」18권 1호:3-11.

박병준. (2014). "한나 아렌트의 인간관에 대한 철학적 인간학적 탐구". 「철학논
  집」, 38(단일호): 9-38.

송석재. (1996). "프로이트의 도덕발달 이론에 관한 고찰", 한국교원대학교 대학
  원 석사학위논문.

오흥명. (2015). "열등감에 관하여", 「철학과 현상학 연구」, 제 67집, 67-105.

이재정. (2014). "정치인과 거짓말: 그들은 왜 거짓말을 하는가?", 「한국정치연
  구」, 23(3): 1-27.

임의영, 고혁근, & 박진효. (2014). "한나 아렌트(Hannah Arendt)의 공공영역과
  행정". 「정부학연구」, 20(3): 71-100.

임의영. (2014). "공공성의 인간적 토대와 행정", 「사회과학연구」, 제 54집 제 2
  호, 217-248.

홍성기. (2007). "우리는 얼마나 전체주의에 가까운가?", 시대정신, 34호(봄).

보고서 및 기타

권기헌 외. (2015). 「정부 3.0을 통한 공공가치 실현방안 연구」, 행정자치부 정
  책연구보고서.

정민. (2017). "2017년 다보스 포럼의 주요 내용과 시사점: 소통과 책임의 리더
  십이 필요". 현대경제연구원 보고서. 17(2): 1-13.

경향신문. (2016). "'공적 가치' 실현 위한 행위 탐구… 인간과 정치에 새 가교를
  놓다.", 3월 31일.

한겨레. (2017). "4차 산업혁명 어떻게 준비해야 하나?", 3월 2일.

| 국외문헌 |

Arendt, Hannah. (1951). The origins of totalitarianism. Harcourt Brace And Company New York.

Arendt, Hannah. (1958). The Human Condition. Chicago: The University of Chicago Press, 1958.

Arendt, Hannah. (1968). Between Past and Future. New York: The Viking Press, 1968.

Bradford, A. (2016, May 12). Sigmund Freud: Life, Work & Theories.

Freud, S. (1918). Reflections on war and death. New York: Moffat, Yard.

Jaworski, Joseph & Flowers, Betty S. (1998). Synchronicity: The Inner Path of Leadership The Inner Path of Leadership. Berrett-Koehler Publishers.

Kelly, G., Mulgan, G., & Muers, S. (2002). Creating Public Value: An analytical framework for public service reform. London: Strategy Unit, Cabinet Office.

Lasswell. (1951). "The Policy Orientation," H.D. Lasswell and D. Lerner (eds). Policy Science, Stanford University Press, 3-15

World Economic Forum(Global Agenda Council). (2012). Future of Government-Fast and Curious. World Economic Forum, REF 280812.

1   인간은 원래부터 "부분적이고 불안한 자아가 아니고, 전체적이고 통합된 존재"이다. 전제남. (2018). 『참 나: True Self』. 제세. 6쪽.

2   심층마음을 개체에 적용하면 심층 아뢰야식 혹은 영혼이다. 우리 심층의 영혼spirit에 새겨진 근본원리가 표층의 현상세계에 구현될 때는 보편법칙으로 나타난다. 우주의 형이상학적 원리가 새겨진 종자를 심층 아뢰야식에서는 본유종자本有種子라고 한다. 심층마음의 본유종자에 새겨진 근본원리는 사랑이고 지혜이다. 조금 풀어쓰면 상락아정常樂我淨, 인의예지仁義禮智이고, 조금 더 풀어쓰면 육바라밀(보시, 지계, 인욕, 정진, 선정, 지혜)이다. 윤홍식. 보조국사 지눌 원저. (2019). 『윤홍식의 수심결 강의』. 봉황동래; 윤홍식. (2015). 『중용, 양심경영의 지혜』. 봉황동래.

3   심층마음을 심층의식, 순수의식, 아뢰야식, 여래장, 일심, 한마음, 진여심, 청정심, 전체의식이라고 부를 수 있고, 이는 고요하고 텅 빈 가운데 밝게 알아차리는 공적영지의 마음이라고 부를 수 있다.

      또한, 자기를 이미 알고 있는 밝은 마음인 자기지自己知이기에 원효는 이를 성자신해性自神解라고 불렀다. 한자경. (2021). 『마음은 어떻게 세계를 만드는가』 김영사. 156-157쪽.

4   양자장이라고도 부른다. 톰 스톤. (2010). 『평정심』 정채현 옮김. 아시아 코치센터. 169쪽.

모두를 위한 직관과 창의성

5   톰 스톤. (2010).『평정심』정채현 옮김. 아시아코치센터. 214쪽.

6   의식 안에 안 들어 온 것은 자기 삶의 대상이 되지도 않는다. 그리고 이
     것은 죽지도 사라지지도 않는다. 우주의 근본 생명이다. 늘 여기 생생한
     알아차림으로 존재한다.

7   이것의 이름은 의식, 존재, 참나, 불성, 순수의식, 초의식 등으로 다양하
     게 불린다.

8   한자경. (2020).『심층마음의 연구』서광사. 189-190쪽.

9   한자경. (2020).『심층마음의 연구』서광사. 156-157쪽.

10   한자경. (2020).『심층마음의 연구』서광사. 201쪽.

11   한자경. (2020).『심층마음의 연구』서광사. 201쪽.

12   권기헌. (2019).『정책학의 지혜』. 박영사. 54-55쪽에서 수정 인용.

13   켄 윌버. (2016).『켄 윌버의 통합심리학』조옥경 옮김. 학지사. 23-24,
     20쪽.

14   로버트 란자, 밥 버먼. (2018).『바이오센트리즘: 왜 과학은 생명과 의식
     을 설명하지 못하는가?』. 박세연 옮김. 예문아카이브.

15   권기헌. (2019).『정책학의 지혜』. 박영사. 57-58쪽에서 수정 인용.

16   낮에 일상적으로 활동하는 뇌파는 베타파이지만, 고요하고 텅 빈 상태
     에 들어가면 알파파를 띠게 된다. 더 깊은 명상 상태에서는 세타파 혹은
     델타파를 띤다.

17   라이언 홀리데이. (2020).『스틸니스』. 김보람 옮김. 흐름출판. 78쪽.

18   라이언 홀리데이. (2020).『스틸니스』. 김보람 옮김. 흐름출판. 164쪽.

19   라이언 홀리데이. (2020).『스틸니스』. 김보람 옮김. 흐름출판. 164쪽.

20   라이언 홀리데이. (2020).『스틸니스』. 김보람 옮김. 흐름출판. 166-167쪽.

21   영혼이라는 단어는 사용에 주의를 요한다. 기독교 전통에서는 영, 혼,
     육을 구분한다. 영(spirit)은 하나님의 영, 성령을 의미하며, 혼(soul)은
     인간의 생명체(살아있는 혼)이며 육체 속에 깃들어 생명을 부여하고 마

음을 움직인다고 여겨지는 무형의 실체로 이해된다. 불교로 비유하자면 영(spirit)은 심층마음의 진여, 불성을 의미하는 심층 아뢰야식의 작용이며, 혼(soul)은 표층의식의 말나식의 작용으로 개체성을 띤 개아의 의미를 띤다. 하지만, 본문에서 사용된 영혼이라는 의미는 이러한 개체성 보다는 좀 더 깊은 차원의 심층의식을 의미한다. 영혼의 안식, 영혼의 평화라고 할 때의 의미처럼, 좀 더 깊은 의미의 심층의식을 의미하는 것이다. 간혹 불교의 전통에서 영혼 혹은 영가라고 하면 개체성을 띤 무형의 실체(자아)를 의미하며, 이러한 개체적 의미의 유신견有身見이 생기는 이유는 제7말나식의 작용에 따른 업식의 영향으로 본다. 하지만, 여기에서는 그런 의미가 아니며, 깊고 고요한 심층의식을 뜻하는 의미로 사용되었다.

22 톰 스톤. (2010). 『평정심』 정채현 옮김. 아시아코치센터. 99쪽.

23 라이언 홀리데이. (2020). 『스틸니스』. 김보람 옮김. 흐름출판. 207쪽.

24 라이언 홀리데이. (2020). 『스틸니스』. 김보람 옮김. 흐름출판. 77쪽.

25 라이언 홀리데이. (2020). 『스틸니스』. 김보람 옮김. 흐름출판. 268쪽.

26 라이언 홀리데이. (2020). 『스틸니스』. 김보람 옮김. 흐름출판.

27 라이언 홀리데이. (2020). 『스틸니스』. 김보람 옮김. 흐름출판.

28 크리스 나이바우어 (2017). 『하마터면 깨달을 뻔』. 김윤종 옮김. 정신세계사.

29 이처럼 의식은 우리가 연습하기 나름이다. 늘 걱정거리에 매여 살아가는 사람이면 의식은 머릿속에만 있다고 느낄 것이다. 하지만 열린 자세로 임하며, 의식을 밖과 안으로 자유자재로 이동시켜 본 사람은 걱정거리에 매이지 않는다. "이게 뭐지?"라는 화두 속에서 보고 듣고 아는 '이것'이 전부가 된다. 그곳이 순수의식의 공간이다. 그곳은 열반의 섬island of nirvana이다. 생각이나 분별, 걱정거리나 수다가 발붙일 수 없는 곳이다.

30 라이언 홀리데이. (2020). 『스틸니스』. 김보람 옮김. 흐름출판. 74쪽.

31 라이언 홀리데이. (2020). 『스틸니스』. 김보람 옮김. 흐름출판. 74쪽.

32 라이언 홀리데이. (2020). 『스틸니스』. 김보람 옮김. 흐름출판. 78쪽.

33 라이언 홀리데이. (2020). 『스틸니스』. 김보람 옮김. 흐름출판. 108쪽.

34 라이언 홀리데이. (2020). 『스틸니스』. 김보람 옮김. 흐름출판. 75쪽.

35 라이언 홀리데이. (2020). 『스틸니스』. 김보람 옮김. 흐름출판. 75쪽.

36 라이언 홀리데이. (2020). 『스틸니스』. 김보람 옮김. 흐름출판. 76쪽.

37 권기헌. (2019). 『정책학의 지혜』. 박영사. 19-20쪽에서 수정 인용.

38 권기헌. (2019). 『정책학의 지혜』. 박영사. 22-23쪽에서 수정 인용.

39 에픽테토스. (2014). 『자유와 행복에 이르는 삶의 기술』. 강분석 옮김.
    사람과 책.

40 권기헌. (2019). 『정책학의 지혜』. 박영사. 23-24쪽에서 수정 인용.

41 헨리 데이비드 소로. (2017). 『월든』. 박연옥 옮김. 위즈덤 하우스.

42 헨리 데이비드 소로. (2017). 『월든』. 박연옥 옮김. 위즈덤 하우스.

43 라이언 홀리데이. (2020). 『스틸니스』. 김보람 옮김. 흐름출판. 207쪽.

44 라이언 홀리데이. (2020). 『스틸니스』. 김보람 옮김. 흐름출판. 104-105쪽.

45 라이언 홀리데이. (2020). 『스틸니스』. 김보람 옮김. 흐름출판. 100쪽.

46 라이언 홀리데이. (2020). 『스틸니스』. 김보람 옮김. 흐름출판. 105쪽.

47 라이언 홀리데이. (2020). 『스틸니스』. 김보람 옮김. 흐름출판. 209쪽.

48 키르케고르는 침대에 누워서만 지내다가 결국 우울증까지 얻은 형수에
    게 편지를 보내며 걷기의 중요성을 강조했다. 본문은 1947년에 보낸 편
    지의 내용이다. 라이언 홀리데이. (2020). 『스틸니스』. 김보람 옮김. 흐
    름출판. 238쪽.

49 라이언 홀리데이. (2020). 『스틸니스』. 김보람 옮김. 흐름출판. 238쪽.

50 라이언 홀리데이. (2020). 『스틸니스』. 김보람 옮김. 흐름출판. 241쪽.

51 라이언 홀리데이. (2020). 『스틸니스』. 김보람 옮김. 흐름출판. 171쪽.

52 자연계에는 두 종류의 기본적인 입자가 있다. 원자핵 속의 입자와 원자

핵 밖의 입자이다. 원자핵 속의 입자는 하드론強粒子라고 불리며, 원자핵 밖의 입자는 렙톤輕粒子라고 불린다. 강입자는 양성자와 중성자이며 이들은 다시 6종류의 쿼크로 이루어져 있다. 경입자는 렙톤이며, 이들은 다시 6종류의 렙톤으로 이루어져 있다. 6종류의 쿼크는 위up 쿼크, 아래down, 쿼크, 꼭대기top 쿼크, 바닥bottom 쿼크, 야릇한strange 쿼크, 맵시charm 쿼트 등이다. 6종류의 렙톤은 전자electron, 뮤온muon, 타우온tauon과 이에 대응되는 3개의 중성미자뉴트리노, neutrino이다. 앞의 3가지 렙톤은 음의 전하를 가지고 있으며, 뒤의 3가지 렙톤은 전하를 가지고 있지 않다.

53   가령, 현대 불교의 큰 스승인 청화스님이나 그분의 스승이셨던 금타 대화상은 우주의 근본 바탕 자리를 금진金塵 혹은 금륜金輪이라고 불렀다. 이것은 불성佛性을 이루는 우주의 통일장이다. 이 힘의 본체가 어떻게 움직이는가에 따라 전자, 양성자, 중성자 등 소립자가 생성되고 소멸된다. 지수화풍공地水火風空을 생성시키는 우주적 힘의 본체이다. 이를 진여라고 부를 수 있다. 진여불성는 모든 것을 다 가능하게 하는 능력을 지니고 있기 때문에 진여의 작용으로 만들어진 소립자 또한 진여불성와 같은 능력을 잠재적으로 갖추고 있다. 양철곤. (2014). 『양자물리학과 깨달음의 세계』. 생각나눔.

54   정확하게 표현하면, 심층마음이 곧 진여심인 것은 아니다. 심층마음은 법계의 보이지 않는 아뢰야식이 작용하는 마음의 토대이므로 꿈에서 깨어난 진여의 마음(진여심, 공적영지의 마음)과 함께 아직 꿈에서 못 깬 꿈꾸는 아뢰야식으로서 생멸하는 세계를 만들어 내는 생멸하는 마음(생멸심, 중생심) 역시도 포괄하고 있다. 하지만, 꿈에서 아직 못 깬 중생은 심층마음이 있다는 것조차 자각하지 못하므로 우리가 보통 심층마음이라고 할 때에는 진여심, 공적영지의 마음이라고 간주하기도 한다. 한편, 표층의식 역시 꿈에서 깨어난 각자覺者가 발휘하는 생각, 감정, 오감과 아직 꿈에서 못 깬 중생衆生이 발휘하는 생각, 감정, 오감을 모두 포괄하는 개념이다. 후자, 즉 중생은 심층아뢰야식의 작용으로 나타난 세계(기세간)를 실재하는 것으로 보고 그 대상을 감지하는 오감의

작용을 '나의 작용'이라고 간주하는 자아(유근신)를 집착한다. 한자경. (2020).『심층마음의 연구』서광사. 67-68쪽.

55   지안스님. (2015).『대승기신론 신강』조계종 출판사. 183-184, 186-187쪽.

56   한자경. (2020).『심층마음의 연구』서광사;

한자경. (2021).『마음은 어떻게 세계를 만드는가』김영사.

57   한자경. (2020).『심층마음의 연구』서광사.

58   원래는 마음心 하나밖에 없다. 마음의 작용은 둘로 나타나는데, 깊은 의식으로 나타날 때는 진여문眞如門, 얕은 의식으로 나타날 때는 생멸문生滅門이다. 마음은 하나인데 작용하는 문이 둘로 나타나는 것이다. 체體는 하나인데, 용用이 둘로 나타나는 셈이다. 즉, 체體는 하나인데 그 심천深淺이 있는 셈이다. 비유하자면, 바다는 하나인데 깊고 고요한 바다가 있는가 하면, 얕고 거친 파도도 있는 것이다. 퇴계는 진여문을 이理, 생멸문을 기氣라고 보았다. 진여문은 진여심, 청정심으로 나타나고, 생멸문은 범부심, 중생심으로 나타난다. 유학으로 보면 진여심은 인의예지로 나타나고, 범부심은 희노애락애오욕으로 나타난다. 본문의 용어로는 마음心을 의식이라고 불렀고, 깊은 의식을 순수의식, 진여심, 큰마음, 참마음, 참나라고 하고, 얕은 의식을 범부심, 중생심, 생멸심, 작은마음, 에고마음이라고 불렀다.

59   하지만 관점을 근원이 아니라 일반적인 기준에서 보면, 인간에게는 마음과 의식, 둘 다 있다. 심층마음은 '내가 여기 존재하고 있다'고 느끼는 생생한 존재감 혹은 심층의식이며, 표층의식은 '내 몸이 곧 나의 전부'라고 느끼는 에고의 표면의식이다. 따라서 이러한 관점에서 보면, 인간은 심층마음과 표층의식, 둘 다 가지고 있다. 다만 차원을 달리하는 것이다.

60   나탐, "우주의 존재원리: 인간의 삶과 사후의 삶"; "인간의 삶과 윤회."

61   나탐, "우주의 존재원리: 인간의 삶과 사후의 삶"; "인간의 삶과 윤회."

62　사후 세계에 접속한 영혼은 더 이상 육신이 아니다. 지구에서 살았던 지구적 의미의 호모 사피엔스가 아니다. 두뇌, 신경조직으로 이루어진 육신에 갇힌 감정적 존재가 아닌 것이다. 이때의 영혼이란 지능을 지닌 빛에너지 형태이다. 영혼의 광휘와 광명은 찬란한 것이며, 영혼의 존엄성은 이루 다 말로 표현할 수 없다. 마이클 뉴턴. (2011).『영혼들의 운명』. 김지원 옮김. 나무생각.

63　지안스님. (2015).『대승기신론 신강』조계종 출판사. 144, 162-163쪽.

64　한자경. (2021).『마음은 어떻게 세계를 만드는가』김영사. 175쪽.

65　한자경. (2021).『마음은 어떻게 세계를 만드는가』김영사. 175쪽.

66　개체의 마음과 큰마음이다. 전자를 표면적 자아라고 한다면, 후자는 심층적 자아이다. 전자를 개체의 생각, 감정, 오감 작용으로 나타나는 에고적 마음이라고 한다면, 후자는 생각, 감정, 느낌을 넘어서는 참된 마음이다.

67　용어의 문제인데, 여기에서의 큰마음, 순수의식, 생명, 존재, 불성, 참나라는 용어는 약간씩 뉘앙스는 다르지만 큰 틀에서 보면 같은 개념이다. 우리는 현상계와 절대계를 동시에 직면하고 있는데, 절대계의 참나, 존재, 생명은 우리의 깊은 마음으로 작용하고 있고, 현상계의 개체, 에고, 감정은 우리의 얕은 마음으로 작용하고 있다. 즉, 우리에게는 심층마음(참나의식)과 표층의식(에고의식) 둘 다 존재하는데, 참나의식이 깊고 고요한, 광대무변하고 텅 빈, 그러면서도 깨어 있는 순수인식이라면, 에고의식은 수시로 변덕을 부리는 우리의 얕은 생각, 감정, 느낌이다.

68　마찬가지로 개체의 마음 역시 실존하지 않는다. 우리는 흔히 우리의 육체와 두뇌에서 생성되는 생각, 감정, 느낌의 작용을 실제 있는 것으로 느낀다. 이 몸이 있고 두뇌에서 작용하는 개체적 정신작용이 실존하는 것으로 느끼는 것이다. 하지만 이것은 실존하지 않는다. 잠시 이 세상에 접속해 있는 동안 형성시켜놓은 아바타일 뿐, 접속이 끝나면 사라진다. 이것은 마치 꿈속 세상과 유사하다. 꿈속에서도 나는 나의 몸이 있다. 생각도 있고 감각도 느낀다. 하지만 꿈을 깨서 보면 그것은 내 마음이

모두를 위한 직관과 창의성

만들어낸 꿈이라는 세상이었을 뿐, 꿈 속 세계는 실재하지 않는다. 이처럼 개체적 몸과 마음은 있는 것처럼 착각할 수 있지만 실재하지 않는다.

69 무량광無量光, 무량수無量壽, 무량불無量佛이다.

70 지안스님. (2015).『대승기신론 신강』조계종 출판사. 136-137, 162-163쪽.

71 한자경. (2021).『마음은 어떻게 세계를 만드는가』김영사. 8-9쪽.

72 한자경. (2020).『심층마음의 연구』서광사. 26-28쪽.

73 윤홍식. 보조국사 지눌 원저. (2019).『윤홍식의 수심결강의』. 봉황동래; 윤홍식. (2015).『중용, 양심경영의 지혜』. 봉황동래: 윤홍식, "법공, 의식과 존재의 비밀."

74 후설은 실증주의가 의식과 대상을 실체적으로 분리시켜 사고하므로 철학적 오류를 빚는다고 비판했다. 우리의 의식은 항상 어떤 대상을 향해 관계를 맺고 있기 때문에 대상 역시 의식을 매개로 하지 않고서는 대상으로 다루어질 수 없다고 주장했다. 그리하여 그는 인간의 의식에 드러나는 그대로의 현상을 기술하는 방법을 찾고자 노력했는데, 이러한 그의 철학적 방법을 현상학이라고 부른다. 그가 보는 현상학은 "내가 세계를 일방적으로 받아들이는 것도 아니고, 세계란 실재하지 않고 오직 내 마음만이 움직이는 것도 아니다. 나의 정신이 세계와 만나고, 나의 관점에서 세계를 들여다본다. 인식의 순간은 주관과 객관이 구별되지 않는다. '너'와 '내'가 만나 '하나'가 된 순간은 주객이 하나가 되는 순간이며, 모든 앎의 근원이 되는 순간이다." 에드문트 후설, "엄격하고 절대적인 철학을 찾아서." Daum 백과.

75 한자경. (2020).『심층마음의 연구』서광사. 224쪽.

76 바깥의 여섯 가지 경계, 색성향미촉법色聲響味觸法(보이는 것, 소리, 향기, 맛, 촉감, 대상)은 내가 아니다.

77 몸과 마음의 작용은 내가 아니다. 색수상행식色受想行識(몸과 느낌, 지각, 의지, 생각이라는 마음의 작용)은 내가 아니다.

78   지안스님. (2015). 『대승기신론 신강』 조계종 출판사. 144, 162-163쪽.

79   이 나가 온전히 참된 성품이라고 할 수는 없다. 하지만 참된 자기를 찾아가는 하나의 방편으로 볼 수 있다.

80   후엠아이 Who Am I 마음공부(청혜선원), "어느 학인과의 대화 도중 실제 견성(깨달음)." 불교에서는 그 뿌리 깊은 몸과 마음을 나라고 여겨온 착각을 아상我相이라고 한다. 그래서 그 아상我相을 뿌리 뽑기가 어려운 것이다. 금강경의 핵심요지가 사상四相, 즉 아상我相, 인상人相, 중생상衆生相, 수자상壽者相을 제거하는 것인데, 이 사상도 결국 아상我相 하나로 귀결된다. 간화선 참선 수행도 내가 있고, 화두를 드는 내가 있고, 의심을 하는 내가 있어서 '그 자리'를 못 넘어간다. 그 내가 '그 자리'에 계합되는 걸 교묘하게 막고 있는 것이다.

81   여기서 '그 무엇'이라는 이름 붙일 수 없는 그 무엇은 허구적 자아가 아니다. 좌뇌가 몸과 동일시해서 만들어 낸 허구적 상상이 아니다. 그냥 이름 붙일 수 없는, 하지만 실존적으로 존재하는 '그 무엇'이다.

82   이러한 결론은 인도 베단타 철학에서 강조하는 불이일원론不二一元論, advaita의 주장과도 궤를 같이한다. 인도의 정통 철학인 베단타의 주장으로 '불이론' '일원론'이라고 부른다. 인도의 중세 8세기 철학자, 상카라(700~750경)의 가르침에 기초를 두고 있다. 개별적인 자아나 영혼이란 없고 아트만만 있을 뿐이다. 그 속에서 개체들은 주공간의 일부가 단지 속의 공간으로 한정되는 것처럼 일시적으로 한정될 수 있을 뿐이다. 그 단지가 깨지면 개별적인 공간은 다시 주 공간이 일부가 된다. 따라서 아트만은 궁극적 실재인 브라만과 다르지 않다. 이원성이란 없다. 브라만은 실재하며 세계는 실재하지 않는다. 어떠한 이원성이나 다양성도 모두 환상maya이다. 인간은 유일하며 무한한 브라만을 다양한 모양으로 인식하는 것은 무지 때문이다. 그로 인해 나 아닌 것을 나로 여긴다. '나는 피곤하다' '나는 행복하다' '나는 알아 차린다' 등과 같이 '나'에 대해 잘못된 인식은 모두 무지로 인해 생긴 것으로서 절대적 실재를 깨달을 때에만 환상은 깨진다. 이것이 '불이일원론advaita'의 핵심 요지이다.

모두를 위한 직관과 창의성

83   혜공스님, "잠자는 참나를 흔들어 깨울 시절이라"(YOUTUBE).

84   그런데 우리는 태어나면서 보이는 대상, 들리는 대상, 아는 대상에만 주
      목해 왔다. 가정이나 학교에서의 교육도 모두 이러한 대상을 향한 지식
      이었다. 엄마, 자동차, 비행기, 개, 고양이 등등 모든 개념과 지식이 대
      상을 향한 지식이었지 한 번도 보는 성품을 돌이켜 관찰하는 공부를 한
      적이 없다. 대상이 사람이든 물건이든 혹은 생각이나 감정이든 좋은 것
      에는 금방 집착하게 되고 나쁜 것은 혐오하게 된다. 이것은 우리에게 많
      은 집착과 고통을 안겨다 주었다. 자신의 본래 성품을 돌이켜 관찰함으
      로써 보이는 대상들과 떨어져 진정한 자신을 발견하게 되는 것, 이것이
      진짜 공부이다. 사실 사회과학에서 인간의 존엄을 발견하고 회복한다는
      담론 역시도 여기에서 출발해야 하며 이러한 주제를 진지하게 다루고
      성찰해야 한다.

85   한자경. (2020).『심층마음의 연구』서광사. 225쪽.

86   "성성적적하게 깨어 있는" 그리고 "늘 나와 함께하는" 이 신령스러운 물
      건은 무엇인가? 화두의 의제를 거각擧覺하는 일이 끊어짐이 없게 하라.
      광원光源의 근원을 주시하라. 법화림TV, "화두의 의제를 거각하는 일이
      끊어짐이 없게 하라" 법문 강의.

87   무공스님, "아무것도 의지할 수 없는데, 그 다음엔 어떻게 합니까?"; 혜
      공스님, "잠자는 참나를 흔들어 깨울 시절이라" 법문 강의.

88   크리스 나이바우어. (2019).『자네, 좌뇌한테 속았네: 동양철학과 선불교
      를 위한 뇌과학 교과서』. 김윤종 옮김. 불광출판사.

89   크리스 나이바우어. (2019).『자네, 좌뇌한테 속았네: 동양철학과 선불교
      를 위한 뇌과학 교과서』. 김윤종 옮김. 불광출판사. 19쪽.

90   크리스 나이바우어. (2019).『자네, 좌뇌한테 속았네: 동양철학과 선불교
      를 위한 뇌과학 교과서』. 김윤종 옮김. 불광출판사. 21쪽.

91   눈에 보이지는 않지만, "저절로 아는 것"이 있다. 그것은 대상을 보고 듣
      자마자 그냥 아는 힘이다. "그냥 아는 힘"은 미세하지만 바로 그 순간 포

착된다. 그 힘을 키워나가라. 그것은 순수의식의 힘이다.

92 크리스 나이바우어. (2019). 『자네, 좌뇌한테 속았네: 동양철학과 선불교
를 위한 뇌과학 교과서』. 김윤종 옮김. 불광출판사. 48쪽.

93 크리스 나이바우어. (2019). 『자네, 좌뇌한테 속았네: 동양철학과 선불교
를 위한 뇌과학 교과서』. 김윤종 옮김. 불광출판사. 96-97쪽.

94 심층마음은 심층 아뢰야식의 작용이며, 불성을 담지하고 있다. 불성이
저장되어 있다고 하여 여래장이라고도 한다. 진아, 진여, 진심을 담지하
고 있다고 하여 참나 의식이라고도 불린다.

95 표층의식은 심층마음에 의해서 나타난 표층의 마음이다. 심층 아뢰야식
의 작용으로 인해 말나식이 작동되며 이 말나식은 '나라는 의식'을 갖
게 만든다. 이러한 유신견有身見으로 인해 나를 실체로 여기고 나와 남,
나有根身와 세계器世間가 분리하여 자아를 집착하고 자만하고 애착하는
마음을 갖는다. 이것은 나의 몸이다, 나의 마음의 작용이라고 집착한다.
금강경에서 말하는 아상, 인상, 중생상, 수자상으로 표현되며, 개체 중
심의 이기심의 발원이 되는 제7말나식에 의한 가아假我의 작용이 발생
한다.

96 그리하여 깨달음을 완성한 붓다는 이러한 오감작용이 일어나는 전오식
前五識이 전변轉變하여 성소작지成所作智가 된다. 또한 제6식이 묘관찰지
妙觀察智, 제7식이 평등성지平等性智, 제8식이 대원경지大圓鏡智로 전변轉
變하는 것이다.

97 법화림TV, "덕현스님의 반야심경 강의" 법문 강의.

98 하지만 깊은 의식에 접속하는 것은 어렵지 않다. 내 생각, 감정, 느낌에
중심을 두지 말고, 내가 현재 여기 존재한다는 강력한 존재감, 생생한
존재감에 집중하라. "아이 엠AM에 집중하는 순수의식"에 중심을 두라.
그것은 나의 순수의식THE SELF이며, 전체로서의 존재이다. 생생한 존재
감 뒤에 오는 기쁘다, 슬프다, 외롭다, 우울하다 등은 수시로 변하는 작
은 감정들이다. 생각mind이며, 개체이며 에고이다. 순수의식과 작은 마
음을 구별하라.

99 우리는 심층마음순수의식과 표층의식표면의식 둘 다 있는 것처럼 느낀다. 심층마음이 깊고 고요한, 텅 빈, 그러면서도 깨어 있는 인식이라면, 표층의식은 심층마음에 의해 드러난 자아와 세상을 감지하는 마음이다. 심층마음이 깊은 의식이라면 표층의식은 잘못된 자아의식에 의해 자아와 세상이 실재하는 것으로 착각을 일으킨 표층의 의식이다.

100 한자경. (2020).『심층마음의 연구』서광사. 224쪽.

101 한자경. (2020).『심층마음의 연구』서광사. 116쪽.

102 한자경. (2020).『심층마음의 연구』서광사. 117쪽.

103 한자경. (2020).『심층마음의 연구』서광사. 26-28쪽.

104 한자경. (2020).『심층마음의 연구』서광사. 149쪽.

105 먼저 지혜를 얻고, 그다음 힘을 키운다면 고통은 이미 고통이 아닐 것이다. 한 가지 예를 들어보자. 가령, 직장에서 만나기 싫은 사람이 있는데(심지어 나를 이유 없이 괴롭히는 사람이 있다면 더할 것이다), 밥벌이를 위해 어쩔 수 없이 부딪쳐야 한다면 고통스러울 수 있다. 이럴 때 우리는 어떻게 처신해야 할까? 우선은 세상이 원래 그렇다는 것을 이해해야 한다. 10명이 모이면 적어도 한두 명은 나와 안 맞을 수 있다. 하지만, 그 원인이 나에게 있는지를 잘 살피면서, 내가 해야 할 바를 바르게 한다. 말하자면, 지혜로운 처신을 하는 것이다. 마음을 내려놓고 겸손한 자세를 갖되 실력과 전문성을 키워나가는 것이다. 한편, 주변과의 협력을 통해 좋은 네트워크를 형성함으로써 힘을 배양하는 일도 장기적으로 중요하다. 여기서 불교를 한발 더 깊이 이해한다면, 제행무상諸行無常, 제법무아諸法無我, 일체개고一切皆苦를 통해 열반적정涅槃寂靜의 지혜를 배울 필요가 있다. 즉, 모든 일은 항상 변하게 되어 있고, 모든 존재는 그 자체로서의 고정불변의 실체實體가 없으며, 실체實體, 자성自性이 없는 일에 집착하는 것은 곧 괴로움苦痛을 잉태한다는 점을 꿰뚫어 파악하는 것이다. 이를 통해 고통을 근본적으로 소멸시키는 해탈涅槃의 지혜를 기를 수 있다. 그리고 이를 위해서는 깨어 있는 마음을 통해 참나의식순수의식을 평소 잘 챙기는 습관이 중요하다.

106 김성철. (2020).『화엄경을 머금은 법성게의 보배구슬』. 오타쿠. 83, 200 쪽.

107 "일미진"이 객관을 나타낸 것이라면, "함시방"은 주관을 나타낸 것이다. 이처럼 마음이나 바깥 대상의 티끌 속에 우주 시방 세계가 모두 담겨 있는 것이다. 김성철. (2020).『화엄경을 머금은 법성게의 보배구슬』. 오 타쿠. 223-224쪽.

108 김성철. (2020).『화엄경을 머금은 법성게의 보배구슬』. 오타쿠. 83쪽.

109 김성철. (2014).『붓다의 과학이야기』. 참글세상; 김성철. (2020).『화엄 경을 머금은 법성게의 보배구슬』. 오타쿠.

110 김성철. (2014).『붓다의 과학이야기』. 참글세상; 김성철. (2019).『역설 과 중관논리』. 오타쿠; 김성철. (2020).『화엄경을 머금은 법성게의 보배 구슬』. 오타쿠.

111 김성철. (2014).『붓다의 과학이야기』. 참글세상. 243쪽.

112 김성철. (2014).『붓다의 과학이야기』. 참글세상. 196, 243쪽.

113 김성철. (2020).『화엄경을 머금은 법성게의 보배구슬』. 오타쿠; 김성철. (2014).『붓다의 과학이야기』. 참글세상; 김성철. (2019).『역설과 중관 논리』. 오타쿠.

114 김성철. (2014).『붓다의 과학이야기』. 참글세상; 김성철. (2019).『역설 과 중관논리』. 오타쿠.

115 현대 한국불교의 큰 스승 탄허스님도 청량국사의 법계연기와 통현장자 의 법계본체를 비교하면서 어느 것 하나 틀린 것은 아니지만, 법계연기 가 돌아 들어가는 길이라면, 법계 본체는 지름길로 빨리 들어가는 것이 라고 평가한 바 있다. 아울러, 탄허는『화엄경』을 보더라도 반드시 참선 을 병행하여 법계본체를 깨달으라고 말했다. 화엄 법계 연기緣起와 함께 성기性起를 깨달으라는 것이다. 문광. (2020).『탄허 선사의 사교 회통 사상』. 민족사. 123-124쪽.

116 현장 역.『해밀심경』 3권, 「심의식상품」. 한자경. (2020).『심층마음의 연

구』 서광사. 183쪽.

117　서구 철학의 두 축은 헬레니즘Helenism과 히브리즘Hebraism이었다. 인
　　　간의 이성과 합리적 사고에 기초한 철학이 헬레니즘이었다면 인간의
　　　감성에 기초한 철학이 히브리즘이었다. 하지만 이 둘 다 크게 보면 인간
　　　의 의식 영역에서의 철학이었다. 권기헌. (2020). 『정책학의 성찰』. 박영
　　　사. 56쪽에서 수정 인용.

118　심층마음을 담지하고 있는 제8아뢰야식이 무의식은 아니다. 그것은 무
　　　의식을 담고 있지만 무의식보다 더 깊은 심층마음이다. 정신분석학에서
　　　말하는 프로이트의 개인 무의식과 칼 융이 말하는 집단 무의식은 이들
　　　을 초월하는 청정한 식으로서의 초의식 영역까지 다루지는 못하고 있
　　　다. 심층 아뢰야식은 개인이나 집단 정보種子를 함유하는 오염된 식으로
　　　서의 염오식染汚識을 다룸과 동시에 이를 초월하는 청정한 식識 그 자체
　　　(청정심, 진여심, 불성, 초의식, 여래장)를 다루고 있기에 정신분석학에서
　　　말하는 무의식보다 심오한 심층 영역으로 이해하는 게 타당하다.

119　무명無明의 어리석음에서 잘못된 행동行과 분별識이 나오고, 이는 감수
　　　작용을 거쳐受 대상을 애착하면서愛取 내 인생에 등장한다有. 그것은 즐
　　　거움도 주겠지만 그 본질은 허망하다. 한여름 밤의 꿈같고, 아침 이슬과
　　　도 같아서 금방 사라진다. 이러한 무위법에 대한 확고한 견해를 정견正
　　　見이라고 하고, 이런 중심이 흔들리지 않는 것이 중도中道이다. 기도나
　　　염불을 통해 목표에 도달하려는 수행이 아니므로 무위법無爲法이다.

120　권기헌. (2019). 『정책학의 지혜』. 박영사. 371쪽에서 수정 인용.

121　권기헌. (2019). 『정책학의 지혜』. 박영사. 378-379쪽에서 수정 인용.

122　우리가 비록 성장하면서 그리고 경쟁사회를 살아가면서 자아가 분열되
　　　었다손 치더라도, 새로운 철학은 다시 우리가 순수한 존재로서의 전체
　　　성을 회복할 수 있도록 도와주어야 한다. 불교 철학은 이러한 새로운 휴
　　　머니즘의 사상적 기반을 제공해 주어야 하며, 새로운 휴머니즘에서 말
　　　하는 인간은 자신의 전체성을 온전히 회복한 인간이 되어야 한다. 그것
　　　은 전체와 하나로 연결된 의식이어야 한다. 권기헌. (2019). 『정책학의

지혜』. 박영사. 379-380쪽에서 수정 인용.

123 불성은 사전적 의미로는 "부처의 성품"이다. 우리 본성의 가장 깊고 심오한 측면을 불성이라고 했지만, 본성, 성품, 불성은 동일한 의미이다. 즉, 우리 존재의 본 성품이 불성이다. 그리고 이러한 참 성품은 전체성을 띠고 있다. 따라서 위에서 언급한 것처럼, 새로운 휴머니즘을 제공하는 사상적 기초는 전체성을 회복할 수 있게 도와주어야 하고, 그것이 우리가 불성을 논하는 이유인 것이다. 불성을 조금 더 부연하여 진여불성이라고 말한다. 진실하고 늘 존재하는 불성, 생명 그 자체라는 의미이다. 요컨대, 우리 모두에게는 본 성품이 있는데, 그것이 진여불성이다. 붓다는 말한다. "일체중생一切衆生 개유불성皆有佛性" 모든 중생에게는 진여불성이 있다는 뜻이다.

124 무공스님, "사유관찰은 고정된 것(배운 것, 기억된 것)을 해체시키는 과정"(YOUTUBE); 혜공스님, "잠자는 참나를 흔들어 깨울 시절이라"(YOUTUBE).

125 로버트 그린, 『인간 본성의 법칙』 저자. 라이언 홀리데이. (2020). 『스틸니스』. 김보람 옮김. 흐름출판. 165쪽.

126 무의식과 초의식은 불교의 개념으로는 모두 심층마음(제8식, 아뢰야식)에 해당된다. 하지만 심층마음을 무의식으로 보지는 않는 이유는 심층마음은 정신분석학에서 말하는 무의식에 한 차원 더 깊이 들어가 초의식(순수의식, 불성)을 함유하고 있기 때문이다. 즉, 심층마음(아뢰야식)은 개체의 번뇌 종자를 함장하고 있는 무의식과 함께 그 무의식을 감싸고 있는 청정한 마음識, 청정심, 진여심, 순수의식, 불성 그 자체를 함유하고 있다. 한편 정신분석학에서 말하는 잠재의식은 불교의 제7식(말나식, 자아식, 아견, 유신견)과 배대된다. 즉, 정신분석학에서 말하는 잠재의식은 불교의 제7식, 무의식은 불교의 제8식에 일응 배대되지만, 불교의 제8식은 정신분석학의 무의식 뿐만 아니라 초의식(청정한 식 그 자체, 진여, 청정심, 불성)을 함유하는 개념으로 정리할 수 있다.

127 최준식. (2015). 『무의식에서 나를 찾다』. 시공사.

모두를 위한 직관과 창의성

128 최준식. (2015).『무의식에서 나를 찾다』. 시공사. 11쪽.

129 최준식. (2015).『무의식에서 나를 찾다』. 시공사. 11쪽.

130 최준식. (2015).『무의식에서 나를 찾다』. 시공사. 10쪽.

131 최준식. (2015).『무의식에서 나를 찾다』. 시공사. 21쪽.

132 최준식. (2015).『무의식에서 나를 찾다』. 시공사. 31쪽.

133 최준식. (2015).『무의식에서 나를 찾다』. 시공사. 144쪽

134 최준식. (2015).『무의식에서 나를 찾다』. 시공사.

135 영적인 수행에서 앎의 문제는 특히 중요하다. 모르면 진보가 없는 것이다. 먼저 알고 이해하는 가운데 체득이 된다. 체득이 되면 결국 증득이 되면서 자신의 완전한 앎으로 변한다. 최준식. (2015).『무의식에서 나를 찾다』. 시공사. 57쪽.

136 최준식. (2015).『무의식에서 나를 찾다』. 시공사.

137 최준식 교수는 두 가지를 제안한다. 첫째. 자신이 가장 잘 할 수 있는 일을 찾아서 몰입하라. 내면의 진정한 기쁨을 찾고 몰입하는 과정에서 자아를 실현할 수 있다. 둘째, 자아실현은 궁극적으로는 자아 초월로 이어져야 한다. 자아를 초월하기 위해서는 먼저 자아를 찾고 실현해야 하므로 자아실현을 먼저 해야 한다. 본성은 자아를 초월한 자리에 있으므로 본성을 깨치려면 먼저 자아를 찾아야 한다. 기본적으로 맞는 얘기이다. 단 하나 주의할 점은 자아실현이 초월로 이어지지도 않을 뿐더러, 본성을 찾기 위해 자아실현이 먼저 충족되어야 하는 것은 아니라는 점이다. 자아실현은 꿈이나 목표의 실현이라고도 볼 수 있는데, 인생에서 꿈이나 목표가 실현되었다고 해서 그것이 초월로 이어지지는 않는다. 또한, 자아실현을 이룬 사람들이 모두 본성을 찾았다고 보긴 어렵다. 말하자면 트랙이 다른 것이다. 본성은 지금 바로 여기에서 찾을 수 있다. 우리 마음은 자기지自己知가 있다. 마음은 이미 마음을 알고 있는 것이다. 우리의 청정한 마음은 한 생각 돌이키면 지금 바로 찾을 수 있다. 마음을 닦아서 깨끗하게 하고 안하고와 관계없이 우리 마음의 근원은 늘 깨어

있다. 텅 비어 고요하면서 밝게 알아차림으로 깨어 있다. 우리에겐 늘 공적영지의 심층마음이 존재하고 있다. 그것이 우리의 본성이다.

138 한자경. (2020). 『심층마음의 연구』 서광사. 240-241쪽.

139 심층마음은 현존이다. 과거에도 미래에도 머물지 않는다. 지금 당장 현재 상태에 머물며 고요한 평화에 감사한다. 그대의 깊은 의식, 텅 비어 고요한 평화에 머물라. 그것이 진정한 현존이다. 심층마음은 또한 행복이다. 이것은 우리 의식의 깊은 바다인 본성 상태로서 이곳에 머무르면 그 자체로 평안하고 만족하며 행복하다. 그래서 한번 들어가 본 사람은 다시 이 상태로 들어가거나 여기에 오래 머물고자 애쓰게 된다.

140 최준식. (2015). 『무의식에서 나를 찾다』. 시공사. 158쪽.

141 최준식. (2015). 『무의식에서 나를 찾다』. 시공사. 159쪽.

142 바스 카스트. (2016). 『지금 그 느낌이 답이다』. 장혜경 옮김. 갈매나무. 26쪽.

143 최준식. (2015). 『무의식에서 나를 찾다』. 시공사. 160쪽.

144 최준식. (2015). 『무의식에서 나를 찾다』. 시공사. 164-165쪽.

145 최준식. (2015). 『무의식에서 나를 찾다』. 시공사. 165-166쪽.

146 칼 융이 논한 진정한 자아가 불교에서 말한 심층 아뢰야식에 존재하는 불성이냐 아니냐는 용어만으로 검증하기 어렵다. 진정한 자아는 언어로만 보면 진아, 진여, 진심과 연결되어서 진여불성을 의미하는 것으로 볼 수 있다. 하지만, 한자경 교수는 프로이트가 말한 개인 무의식은 불교에서의 아견(유신견)의 제7말나식에 해당한다고 말함으로써 불교의 불성이 존재하는 심층 아뢰야식은 정신분석학에서 말하는 무의식보다 더 깊은 곳에 존재한다고 보고 있다. 칼 융이 말한 집단 무의식 역시도 그것만으로 심층 아뢰야식에 배대한다고 말하긴 어렵다. 심층 아뢰야식은 오염된 종자를 관리하는 염오식染汚識과 함께 그 자체를 감싸면서 그것에 물들지 않는 청정한 식識, 淸淨心, 無垢識 그 자체를 포함하고 있는 것이기 때문이다. 한자경. (2021). 『마음은 어떻게 세계를 만드는가』 김영

사. 194-195쪽; 한자경. (2020).『심층마음의 연구』서광사. 26쪽.

147 심층 아뢰야식에 존재하는 불성을 더 깊고 오묘한 것이라고 생각하여, 불성은 칼 융이 언급한 진정한 자아와는 차원이 다른 더 깊은 심층의식으로 볼 수는 있겠다. 또한 칼 융이 진정한 불성 자리를 체험한 후 진정한 자아라고 표현한 것인지 아닌지는 확인하기가 어렵다. 그리하여 칼 융이 언급한 진정한 자아Selbst가 불성보다는 더 하위적인 의식의 층위를 말하는 것인지는 논란의 여지가 있다. 최준식 교수가 논하듯이, 서양 학자 가운데 동양 종교를 완전하게 파악한 사람이 없지만 켄 윌버Ken Wilber의 표현은 심오深奧하므로 예외로 인정하고 싶다는 주장은 전적으로 해석에 달린 문제이다. 마음의 심층부에 존재하는 궁극의 자리를 지복Bliss로 표현하든, 궁극의 의식Consciousness라고 표현하든, 순수의식의 빛이라고 표현하든, 모두 불성의 근본자리를 표현한 수식어라고 생각할 수 있다. 최준식. (2015).『무의식에서 나를 찾다』. 시공사. 191-192쪽.

다만, 이렇게 말할 수는 있을 것이다. 불성의 근본자리가 다른 것은 아니지만, 체험의 깊이와 공부의 정도는 다를 수 있다. 가령, 불성을 체험한 이후에도, 즉 견성 이후에도 화엄경에서는 1지 보살에서 10지 보살까지의 공부 단계를 제시하고 있다. 하지만 이것은 10지 보살이 본 불성의 자리가 1지 보살이 본 것과 다르다는 것을 의미하는 게 아니다. 동일한 불성 자리를 체험했더라도 6바라밀을 체득하고 구현하는 경지가 다른 것이다.

이를 원불교에서는 견성見性, 양성養性, 솔성率性으로 표현했다. 또는 아공我空, 법공法空, 구공俱空으로 표현하기도 한다. 견성見性은 하나자리를 발견하고 나를 발견하는 것이며, 양성養性은 하나자리를 함양하고 나를 함양하는 것이며, 솔성率性은 하나자리를 구현하고 나를 구현하는 것이다. 아공我空은 오온五蘊이 공함을 아는 것이며, 법공法空은 존재가 공함을 아는 것이며, 구공俱空은 아공을 체험해 법공과 아공이 둘이 아닌 것을 알게 되는 것이다. 한편, 아공我空은 자성이 공함을 아는 것이므로, 아공我空을 체득하면 자성의 공함으로 인해 외부경계 역시 공함을 알게 되므로, 법공法空과 아공我空이 둘이 아님을 체득하게 된다. 아공我空에서 하나자리를 체득하면 법공法空과 구공俱空의 단계가 되어도 그 자리 자체가 변화하는 것은 아니다. 다만 삶에서 체화되고 증득하는 깊이가 달라질 뿐이다.

148   원효대사는 우리 마음을 진여문과 생멸문으로 나누었는데, 심층마음의 청정한 식은 진여문眞如門이에 해당하며, 표층의식의 생각, 감정, 오감은 생멸문에 해당한다.

149   하지만 보편적 통설은 아뢰야식외에 따로 제9식인 암마라식을 설정하지 않고, 아뢰야식을 두 층으로 나누어 번뇌종자를 저장하는 염오식과 염오식에 물들지 않는 바탕 자체의 청정한 식識(청정식, 진여식)이 존재하는 것으로 보고 있다.

150   데이비드 봄의 양자물리학에 근거하면 존재하는 모든 것은 입자 파동의 이중구조로 되어있다. 빛과 전자도 마찬가지이다. 인체를 구성하는 분자, 세포, 조직, 장기 등의 개체가 고유의 에너지장을 지닌다. 분자장, 세포장, 조직장 등의 생첼 다루는 것이 에너지 힐링이다. 이들은 전체가 하나의 에너지장으로 연결되어 있기 때문에 한 부분의 치유가 일어나면 전체적 치유가 함께 일어나기도 한다. 에너지장은 서로 공명에 의해 정보가 교환되고 특히 우주 공간은 초양자장으로 가득 차 있기 때문이다. 평소 좋은 에너지를 받아들인다든지 자신에게 좋지 않은 에너지를 의식전환을 통해 바꾼다든지 하는 일이 중요하다. 아름다운 꽃과 나무 혹은 물길을 보면서 자연 에너지를 흡수하는 것도 좋을 것이다. 박시현, "치유는 풍요," 치유&풍요 연구소; 박시현. (2020). 『나는 된다 잘된다』. 유노북스.

151   심층 아뢰야식의 마음은 함장식含藏識, 이숙식異熟識, 여래장식如來藏識이라고 불리며, 청정하다고 하여 청정심淸淨心, 무구심無垢心, 공적영지심空寂靈知心이라고 불린다. 아뢰야는 범어로 함장含藏한다는 뜻의 음역어이다. 우리가 일상에서 말하고 생각하고 행동하는 모든 정보는 아뢰야식에 저장된다. 긍정적 정보와 함께 부정적 정보 모두 저장되는데, 특히

이 부정적 행동이나 감정은 강한 업력을 지닌 채 기억되고 저장되었다가 이다음에(t1에서 t2로 시간이 흐른 후) 적절한 조건이 성숙되며 반드시 구체적인 업보로 나타나게 된다. 부정적인 감정이나 기억은 강한 힘(에너지)을 지니고 있는 것이다.

심층 아뢰야식의 작동방식을 나무에 비유하자면 다음과 같다. 나무가 열매를 맺고 꽃을 피운 후 씨앗을 땅에 떨어뜨리면 그 떨어진 씨앗은 땅 속에 심어져 있다가 비, 수분, 햇빛, 땅 속 영양분 등을 먹고 일정 시간이 지난 후 조건이 형성되면 새로운 생명의 싹으로 움튼다. 이를 종자생종자種子生種子라고 한다. 땅 속의 종자가 시간이 지나면서 다음 번 시간의 종자로 조건이 성숙되는 것이다異熟識. 이처럼 조건이 형성된 종자는 세상에서 새로운 인연과 조건을 만나면 현실에서 구체적인 모습을 드러내게 되는데, 이를 종자생현행種子生現行이라고 한다. 종자에 담겨진 구체적인 정보의 내용에 따라 현실에서 그 모습을 드러내게 되는 것이다. 한편 현실에서 우리들의 말, 생각, 행동은 또 다시 종자의 내용으로 흡수되는데, 이를 현행훈종자現行薰種子라고 한다. 마치 방 안에서 향을 피우면 옷에 향내가 스며들듯이, 우리의 말, 생각, 행동은 우리들 아뢰야식의 종자로 훈습薰習되는 것이다.

이처럼 눈에 보이지는 않지만 그리고 우리들의 표층의식에서 쉽게 간파되지는 않지만 심층 아뢰야식에서는 우주 법계의 모든 정보들을 저장하고 관리하면서 우주의 이치에 맞게 법과 원칙을 집행하고 있는 것이다. 표층의식에서 쉽게 드러나지 않는 심층마음을 직관으로 파악하여 관하는 것을 수행이라고 하고, 우리는 수행을 통해 눈에 보이지는 않지만 우리의 심층마음을 전체적인 체험으로 증득할 수 있다. 우리의 개체 정보로서는 감히 접근하거나 이해할 수 없는 전체 정보를 다루고 있는 법계는 우리의 개체적 사량분별思量分別로는 모두 파악할 수 없다. 그러기에 시간적으로나, 공간적으로 전체의 정보를 다루고 있는 심층 아뢰야식의 작용을 우기는 "초월적"이라고 표현할 수 있다. 그러므로 심층 아뢰야식을 전제로 표층의식에서 발생되는 나와 세계를 이해하는 불교의 유식철학의 방식을 초월적 유심론唯心論이라고 부를 수 있고, 이러한 초월적 유심론의 관점에서는 나와 세계는 그 스스로 존재하는 실체성自性을 지니지 않고 모두가 심층 아뢰야식이 변전하여 나타난 표상으로만 존재하는 것이다. 즉, 본질적으로 연기緣起이며 의타기성依他起性이기에 자성自性이 없으며, "독립적 실체성"이 없는 것이다. 따라서 나와 대상 세계는 본질적으로 모두 비었음無常, 苦, 無我을 정견正見으로서 증득하는 것을 아공我空, 법공法空이라고 부른다. 한자경. (2020). 『심층마음의 연구』 서광사; 한자경. (2021). 『마음은 어떻게 세계를 만드는가』 김영사.

152 학파에 따라서는 이 청정한 식을 제8아뢰야식과 구분하여 제9암마라식으로 부르기도 하나, 아뢰야식 그 자체를 청정한 식과 오염된 번뇌식, 염오식으로 구분하면서 그 둘 다를 포용하는 것으로 보는 게 통설이다.

153 한자경. (2020). 『심층마음의 연구』 서광사; 한자경. (2021). 『마음은 어떻게 세계를 만드는가』 김영사.

154 물론 칼 융은 집단 무의식을 추가하였으나 이 무의식이 초의식(불성)인 것은 아니다. 앞에서 논의했듯이, 이러한 무의식을 초월한 자리를 칼 융은 진정한 자아Selbst, Self라고 불렀다.

155 한자경. (2020). 『심층마음의 연구』 서광사. 241쪽.

156 수 프리도. (2020). 『니체의 삶: 역사상 가장 위대한 철학자 니체의 진정한 삶』. 박선영 옮김. 비잉(Being). 461쪽.

157 수 프리도. (2020). 『니체의 삶: 역사상 가장 위대한 철학자 니체의 진정한 삶』. 박선영 옮김. 비잉(Being). 461-462쪽.

158 키르케고르. (2020). 『불안의 개념, 죽음에 이르는 병』. 강성위 옮김. 동서문화사.

159 신영철. (2019). 『신영철 박사의 그냥 살자: 지친 현대인을 위한 정신과 의사의 조언』. 김영사.

160 신영철. (2019). 『신영철 박사의 그냥 살자: 지친 현대인을 위한 정신과 의사의 조언』. 김영사.

161 신영철. (2019). 『신영철 박사의 그냥 살자: 지친 현대인을 위한 정신과

의사의 조언』. 김영사.

162 실존적이라는 말은 "보편적이라는 뜻도 되는데, 인간이면 누구나 이런
식의 불안을 갖는다는 의미이다. 인간이면 누구나 자기 자리에 있지 않
으면 불안감을 느낀다." 이러한 불안감은 일상적 불안감과는 다르다. 자
신의 개체적 몸과 마음에서 오는 일상적 불안감은 왔다가 사라질 수 있
지만, 마음의 근저에서 원천적으로 발생하는 실존적 불안은 자신의 실
존에 대한 확고한 깨침이 있기 전에는 없어지지 않는다. 나는 실존(존
재, 전체의식)으로부터 한시도 떨어진 적이 없으며, 나의 참모습이 곧 실
존(존재, 전체의식)이라는 것을 깨닫기 전까지는 없어지지 않는다. 최준
식. (2015). 『무의식에서 나를 찾다』. 시공사. 20-21쪽.

163 캔디스 퍼트. (2009). 『감정의 분자』. 김미선 옮김. 시스테마.

164 캔디스 퍼트. (2009). 『감정의 분자』. 김미선 옮김. 시스테마. 서문.

165 리간드는 신경전달물질(엔돌핀, 도파민, 세로토닌), 스테로이드 호르몬
(코티솔, 테스토스테론, 에스트로겐), 신경펩타이드로 분류한다.

166 캔디스 퍼트. (2009). 『감정의 분자』. 김미선 옮김. 시스테마. 서문.

167 김상운. (2016). 『왓칭2』. 정신세계사; Awakening TV, "과학과 영성의
만남."

168 톰 스톤. (2010). 『평정심』 정채현 옮김. 아시아코치센터. 99쪽.

169 인생의 각본은 본인이 영계에서 직접 선택하여 지구로 오기 때문이다.
영혼들에게는 그들의 고향이라고 할 수 있는 영계靈界에서 머무는데, 그
곳에서 일정한 조건이 성숙하여 윤회가 결정되면, 그들은 자신이 속한
그룹의 영적 지도자와 함께 몇 가지 인생 시나리오를 놓고 검토하는 과
정에 들어가게 된다. 『영혼들의 여행』 저자인 마이클 뉴턴은 세계적인
심리상담 치료가로서 이러한 주장을 뒷받침하는 수많은 임상데이터를
확보했다. 『영혼들의 여행』에 이어 『영혼들의 기억』, 『영혼들의 운명』
등 3부작으로 이루어진 그의 저작은 세계 32개국 언어로 번역되어 100
만 부 이상이 판매되었다. 마이클 뉴턴. (2011). 『영혼들의 운명』. 김지

원 옮김. 나무생각.

170 불교에서는 인간의 고뇌가 생기는 원인, 과정, 결과를 십이연기로 설명
한다. 십이연기十二緣起는 ① 무명無明, ② 행行, ③ 식識, ④ 명색名色, ⑤
육처六處, ⑥ 촉觸, ⑦ 수受, ⑧ 애愛, ⑨ 취取, ⑩ 유有, ⑪ 생生, ⑫ 노사老
死이다. "무명無明이 행行, 식識을 낳고, 수애취受愛取하여 유有가 탄생한
다." 무명無明의 어리석음에서 잘못된 행동行과 분별識이 나오고, 이는
감수 작용을 거쳐受 대상을 애착하면서愛取 내 인생에 중요한 대상으로
등장 한다有. 그것은 즐거움도 주겠지만 그 본질은 허망하다. 한여름 밤
의 꿈같고, 파도의 포말 같아서 덧없이 사라진다. 이처럼, 십이연기는
나의 허망한 분별과 집착이 가져온 고통과 어리석음을 단계적으로 설
명해 놓은 하나의 풀 스토리의 완결판이다.

171 자연계에는 원자핵 속의 입자와 원자핵 밖의 입자로 구성되어 있다. 원
자핵 속의 입자는 하드론强粒子라고 불리며, 원자핵 밖의 입자는 렙톤輕
粒子라고 불린다. 강입자는 양성자와 중성자이며 이들은 다시 6종류의
쿼크로 이루어져 있다. 경입자는 렙톤이며, 이들은 다시 6종류의 렙톤
으로 이루어져 있다.

172 청화. (2008). 마음의 고향 (3): 진여실상법문. 상상예찬.

173 그 찬란한 광명의 바다 위에서 출렁이는 가운데 인간의 의지와 미래 비
전은 우주에 존재하는 파동을 입자로 붕괴시킨다. 진동의 배열과 조합
을 바꿔 다양한 존재입자들을 창조함으로써 미래 비전을 실현하는 것
이다.

174 "머리끝부터 발끝까지 진여불성의 생명으로 가득 차 있다."는 말의 의
미는 심오하다. 우리의 생명력은 우리의 감정 상태와 밀접하게 연결되
어 있다. 감정 상태나 삶의 태도가 당당하고 투명하면 생명력은 고조된
다. 우리가 우리 스스로 자존할 수 있고 순수의식으로 가득 찰 수 있다
면, 그리하여 대자연의 존엄과 신성에 경배할 수 있다면 생명력은 최고
로 고조될 것이다. 그리고 우리의 일상에서 그러한 삶의 태도를 견지한
다면, 우리 몸 말단 끝까지, 피부, 뼈, 세포, 혈액, 모세혈관 어디 하나라

도 빠짐없이 우주 근원의 생명력이 뻗쳐 있음을 인식할 수 있을 것이다.

175 생각이 끊어진 자리, 그 고요한 바탕이 일심인데, 중생들은 곧 바로 이심으로 전이된다. 일예로, 세계적인 관광지에 가서 엄청나게 장엄한 광경에 압도되었을 때, 첫 번째 드는 느낌은 "아!" 하는 감탄과 함께, 그 광경과 하나가 된다. 그 장엄한 경치와 하나로 몰입되는 것이다. 그것은 일심이며 직관이다. 하지만 많은 사람들은 곧 바로 생각을 개입시킨다. 사진을 찍는 것과 같은 분주한 행동을 하거나 과거에 자기가 봤던 광경과 비교한다. 별 것 아니네. 혹은 전번보다 대단한 걸 등 갖가지 멘트를 하며 다른 행동으로 들어간다. 이심에 곧바로 빠져드는 것이다.

176 아기들은 일심一心으로 산다. 배고프거나 불편하면 운다. 먹을 것을 주고 보듬어 주면 행복해 한다. 행복이건 불편이건 첫 번째 드는 생명의 느낌, 그건 일심一心이다. 어른이 되면서 분별하기 시작한다. 비교하면서 취사선택하기 시작한다.

177 이것의 긍정적 측면도 있었다. 유발 하라리는 호모 사피엔스가 지구에서 최강자가 될 수 있었던 요인으로 언어자아의 발달을 꼽았다. 언어자아의 발달로 신화, 허구를 만들어낼 수 있는 능력, 상상력과 창조력이 호모 사피엔스의 무기였다. 가령, 몇 년을 걸쳐 주변을 정찰한 다음, "저기 언덕 뒤엔 뱀이 우글우글해. 그러니까 거기 가면 안 돼, 애들아."라고 경고할 수 있었다. 더 나아가 상상력을 동원해서 신화를 창조하여 새로운 국가와 군대, 화폐도 만들 수 있었다.

178 바스 카스트. (2016). 『지금 그 느낌이 답이다』. 장혜경 옮김. 갈매나무. 26, 78쪽.

179 바스 카스트. (2016). 『지금 그 느낌이 답이다』. 장혜경 옮김. 갈매나무. 26, 78-79쪽.

180 바스 카스트. (2016). 『지금 그 느낌이 답이다』. 장혜경 옮김. 갈매나무. 79-80쪽.

181 바스 카스트. (2016). 『지금 그 느낌이 답이다』. 장혜경 옮김. 갈매나무. 80-81쪽.

182 바스 카스트. (2016). 『지금 그 느낌이 답이다』. 장혜경 옮김. 갈매나무. 80-81쪽.

183 에니어그램enneagram 성격테스트도 당신의 무의식적 소망을 파악하는 데 도움이 될 것이다. 에니어그램은 ① 개혁가, ② 조력자, ③ 성취자, ④ 예술가, ⑤ 사색가, ⑥ 충성가, ⑦ 열정가, ⑧ 도전자, ⑨ 화합가의 9가지 성격유형을 제시하고 있다. 가령, 다음의 질문에 답해보자. 그대는 내성적인가, 외향적인가? 성공 지향적인가, 애정 지향적인가? 학문이나 창작을 좋아하는가, 사업을 하고 권력을 추진해 나가는 것을 좋아하는가? 혼자 조용히 성취하는 것을 좋아하는가, 사람을 만나 협상하고 갈등을 조율해 나가는 것을 즐기는가? 최근 들어 많은 심리학 연구들이 나오면서 내향적인 성격, 내성적이지만 혼자 조용히 성취하는 성격, 부끄럽고 수줍음을 타지만 평화로운 성격, 조용하고 민감하지만 창의적인 성격 등이 많이 밝혀지고 있다. 예전 같았으면 사회적 무시나 편견 속에서 남모를 고충을 안고 살았을 사람들이 이제는 더 당당해지며 흔들리지 않는 자신의 길을 찾아가는 일이 점점 더 많아지고 있다. 뿐만 아니라, 자신의 성향을 깨닫고 자신에게 적합한 일을 찾아 창의성을 발휘하면서 고요함 속에서 축복과 기쁨을 구가하는 일들이 늘어나고 있다. 일자 샌드. (2019). 『조용해도 민감해도 괜찮아』. 배현 옮김. 한빛비즈. 16-17쪽. 한편, 에니어그램 성격테스트에 관해서는 다음 사이트를 참고바람. https://enneagram-app.appspot.com/quest

184 동양학(유학)에서는 마음心을 성性의 자리와 정情의 자리로 나누는데, 성性의 자리는 마음의 깊은 의식에 해당하고, 정情의 자리는 마음의 얕은 의식에 해당한다. 깊은 의식은 우리마음의 근본 성품 자리이며, 얕은 의식은 생각, 감정, 오감으로 표현되는 낮은 자아의식이다.

185 라이언 홀리데이. (2020). 『스틸니스』. 김보람 옮김. 흐름출판. 303쪽.

186 탄허스님은 순자의 성악설을 비판하면서 교육과 사회의 제도적 개혁을 추구했던 순자의 의도를 최대한 받아들인다고 해도 정악설情惡說 정도의 표현이라면 모를까 성악설性惡說이라고 한 것은 성性의 자리와 정情

의 자리를 혼동하여 생긴 이론이라고 일축했다. 마음의 근본 본성이 악하다면 부처나 성인이 될 가능성 자체를 없애 버리는 것이기 때문에 인류에 크나큰 망발을 저지른 것이라며 단호하게 순자의 성악설을 부정했다. 문광 지음. (2020). 『탄허 선사의 사교 회통 사상』. 민족사. 210-211쪽.

187   순수의식의 불성 자리는 인의예지仁義禮智나 육바라밀六波羅蜜을 담고 있는 자리이다. 즉, 순수의식의 불성 자리를 깨달았다는 말은 곧 육바라밀六波羅蜜인 보시베품, 지계절제, 인욕인내, 정진노력, 선정고요함, 지혜 깨어 있음의 여섯 가지 덕목을 거침없이 실천할 준비가 되었다는 뜻이기도 하다. 깨달음을 신비주의로 거창하게 해석하여 이를 누릴려는 자아의식을 가진 사람이 있다면 그는 깨달음의 기본도 안 되어있다는 것을 의미한다.

188   라이언 홀리데이. (2020). 『스틸니스』. 김보람 옮김. 흐름출판. 303쪽.

189   라이언 홀리데이. (2020). 『스틸니스』. 김보람 옮김. 흐름출판. 303쪽.

190   그것은 칸트가 말한 정언명령定言命令, Categorical Imperative과도 같다. 고요한 생각과 정신은 하나이지만 정작 중요한 것은 당신이 무엇을 실천하느냐 하는 것이다. 라이언 홀리데이. (2020). 『스틸니스』. 김보람 옮김. 흐름출판. 302쪽.

191   중국의 공리 주연, 장예모 감독의 영화, 〈인생〉에는 주인공 푸구이의 파란만장한 삶이 잘 그려져 있다. 부자집 도련님으로 태어나 도박에 빠져 집과 가산을 모두 탕진하고 길거리를 전전하는 거지가 되는 삶, 아내와의 결별, 첫째 딸의 열병(벙어리), 외아들의 죽음, 생사를 넘나드는 전쟁, 문화대혁명의 광기, 대약진 운동 등. 온갖 어려움과 아픔을 헤쳐 나가면서도 묵묵히 살아나가는 주인공의 실존적 삶이 잘 나타나 있다. 삶이란 알 수 없는 것이다. 그것을 인정하고 묵묵히 살아나갈 뿐이다. 언제까지? 삶이란 원래 잘 짜여 진 하나의 각본이었음을 깨달을 때까지, 광대무변한 우주의 텅 빈 고요함 속에서 잘 짜여 진 한편의 연극이었음을 알 때까지……

192 김상운. (2016).『왓칭2』. 정신세계사; Awakening TV, "과학과 영성의 만남."

193 파라마한사 요가난다. (2018).『요가난다, 영혼의 자서전』. 김정우 옮김. 뜨란. 253-255쪽.

194 불교의 유식이론에서는 일수사견一水四見의 가르침이 있다. 같은 물을 보고서도 주체의 마음에 따라 다르게 보인다는 말이다. 같은 물이지만, 천상에 사는 천사가 물을 보면 갖가지 금은보배로 장식한 크리스탈 보석으로 보고, 아귀는 자신이 마실 흉건한 피로 보고, 인간은 마시거나 휴양지처럼 쉴 곳으로 보며, 물고기는 자신이 사는 집으로 본다. 부처님 눈에는 금진 혹은 불성으로 보일 것이다. 이처럼 각자의 주관적 인식과 마음의 렌즈에 따라 같은 사물이지만 달리 보인다.

195 불교 철학은 삶 전체가 하나의 완전무결한 완전성complete being을 구현하고 있다고 본다. 삶이라는 장엄한 진실을 믿고 수용하고 받아들이라는 것이다. 이것은 단순히 윤리와 도덕의 관점이 아니다. 긍정적 마음 자세를 안내하는 것도 아니다. 이것은 근본적 관점 변화이다. 삶은 나와 분리될 수 없는 하나의 진실이며, 그 자체가 분해될 수 없는 하나의 실체total entity이다. 이를 받아들이고 실천하는 것이 중도中道와 무위無爲의 수행이다.

196 행복하다고 말하는 사람은 가족이 모두 건강하고 화목하다는 이유를 드는 경우가 많다. 또한 일이 삶의 보람이라고 말하는 사람도 일 자체의 성과보다는 프로젝트 팀원과 성공을 함께 나누고 일체감을 이루는 데에서 행복을 느끼는 것이다. 따라서 일체감을 많이 느끼는 방식으로 주변 사람들과 조화를 이루고 교감을 하는 사람은 그만큼 더 행복감을 느낀다. 사토 덴. (2020).『좋은 습관: 50부터 운을 내 편으로 만드는 좋은 습관』. 강성욱 옮김. 문예춘추사. 185-186쪽.

197 중심을 잃지 않는다는 것은 또한 신과 나와의 관계를 잃지 않는다는 뜻이기도 하다. 신이 곧 존재이며 생명이며, 내가 바로 '그것'이다. 나는 육체가 아니라 광대하고 무한한 마음이기 때문이다. 나는 육체에 갇힌

감정적 존재가 아니며, 존엄한 영혼으로서 지능을 지닌 빛 에너지이다. 광대무변하고 광명 충만한 존재가 바로 나의 본질이다.

198 군이 표현하자면, 신과 나는 수평적인 연결망이며, 그것은 말하자면 프 랙탈fractal의 관계이다. 마치 눈송이 입자 하나에 눈 전체가 반영되어 있듯이, 내 안에 신이 계신다.
일미진중함시방一微塵中含十方
일념즉시무량겁一念卽時無量劫
초발심시변정각初發心是便正覺.
하나의 티끌 안에 우주가 다 들어 있고,
한 생각이 곧 무한한 시간으로 이어진다네.
공간과 시간의 이치가 이와 같으니, 그대가 처음 세운 각오는 이미 완성을 예고한 거라네.

199 수 프리도. (2020). 『니체의 삶: 역사상 가장 위대한 철학자 니체의 진정한 삶』. 박선영 옮김. 비잉(Being). 215쪽.

200 수 프리도. (2020). 『니체의 삶: 역사상 가장 위대한 철학자 니체의 진정한 삶』. 박선영 옮김. 비잉(Being). 66쪽.

201 석영중. (2016). 『자유: 도스토옙스키에게 배운다』. 예담. 40쪽.

202 석영중. (2016). 『자유: 도스토옙스키에게 배운다』. 예담. 42쪽.

203 석영중. (2016). 『자유: 도스토옙스키에게 배운다』. 예담. 41쪽.

204 석영중. (2016). 『자유: 도스토옙스키에게 배운다』. 예담. 42쪽.

205 석영중. (2016). 『자유: 도스토옙스키에게 배운다』. 예담. 79쪽.

206 석영중. (2016). 『자유: 도스토옙스키에게 배운다』. 예담. 46쪽.

207 석영중. (2016). 『자유: 도스토옙스키에게 배운다』. 예담. 45쪽.

208 석영중. (2016). 『자유: 도스토옙스키에게 배운다』. 예담. 43쪽.

209 멜 로빈스. (2020). 『5초의 법칙: 당신을 시작하게 만드는 빠른 결정의 힘』. 정미화 옮김. 한빛비즈. 112-113쪽.

210 멜 로빈스. (2020). 『5초의 법칙: 당신을 시작하게 만드는 빠른 결정의

힘』. 정미화 옮김. 한빛비즈. 10-11쪽.

211 멜 로빈스. (2020). 『5초의 법칙: 당신을 시작하게 만드는 빠른 결정의 힘』. 정미화 옮김. 한빛비즈. 저자서문

212 멜 로빈스. (2020). 『5초의 법칙: 당신을 시작하게 만드는 빠른 결정의 힘』. 정미화 옮김. 한빛비즈. 저자서문, 4-6쪽.

213 멜 로빈스. (2020). 『5초의 법칙: 당신을 시작하게 만드는 빠른 결정의 힘』. 정미화 옮김. 한빛비즈. 85쪽.

214 멜 로빈스. (2020). 『5초의 법칙: 당신을 시작하게 만드는 빠른 결정의 힘』. 정미화 옮김. 한빛비즈. 143쪽.

215 불교수행에서도 "단지 모를 뿐(only don't know)" 혹은 "그냥 하라(just do it)"는 법칙이 있다. 생각이나 분별에 빠지지 않는 무분별심無分別心을 강조하는 법칙이다. 보조국사 지눌스님은 "단지불회但知不會면 시즉견성是即見性"이라고 말했다. 단지 모르겠다는 마음이 상시 유지된다면 그대는 성품을 깨닫고 불성을 보게 될 것이라는 말이다. 한국의 대표적 고승으로 미국과 유럽에 선불교를 널리 전파하셨던 숭산스님도 "단지 모를 뿐"이라는 말씀을 강조했다. 일이 없을 때에는 "단지 모를 뿐"이라는 무분별지無分別智에 들고, 새로운 일을 해야 할 때는 두려워 말고 "그냥 하라(just do it)"는 말씀을 누누이 강조했다.

216 촉발 에너지는 시카고 대학의 긍정심리학자, 칙센트 미하이에 의해서 창안된 개념이다. 이 용어는 화학이론에서 빌려온 것이다.

217 이것 역시 현대 심리학에서 널리 알려진 개념인데, 우리가 부정적 습관을 타파하고 긍정적 습관으로 교체하기 위해서는 강한 명령어가 필요하다는 것이다. 그것이 "START LIVING! 지금 바로 실행하라!"이다.

218 하루의 일상생활 속에서 수시로 할 수 있다. 우리의 생각이 '현존현재의 고요한 상태'를 벗어나 '부정적인 생각'으로 표류할 때, 과거나 미래의 걱정거리나 자기 회의감에 사로잡힐 때, 우리는 이를 빨리 알아차려야 한다. 이때 강한 실행(action)이 필요하다. 강한 명령어(START

LIVING)!을 통해 바로 실행에 돌입해야 한다.

219 바딤 젤란드. (2009)『리얼리티 트랜서핑』. 박인수 옮김. 정신세계사.

220 사실은 머리로 생각하는 것도 마찬가지이다. 생각, 감정, 오감이 일어나는 눈, 귀, 코, 혀, 피부, 의식이 발생하는 현재의식은 모두 외부의 창을 사용한다.

221 안이비설신의眼耳鼻舌身意라는 육근이 외부의 경계인 색성향미촉법色聲香味觸法이라는 육경을 만나면 분별 의식이 발생한다. 눈, 귀, 코, 혀, 몸, 뜻이라는 우리 여섯 개 기관이 빛, 소리, 냄새, 맛, 촉감, 대상이라는 여섯 개 자극을 만나면 분별 의식이 발생하는 것이다.

222 엘프리다 뮐러-카인츠·크리스티네 쇠닝. (2019).『직관력은 어떻게 발휘되는가』. 강희진 옮김. 타커스. 34-35쪽.

223 바스 카스트. (2016).『지금 그 느낌이 답이다』. 장혜경 옮김. 갈매나무.

224 바스 카스트. (2016).『지금 그 느낌이 답이다』. 장혜경 옮김. 갈매나무.

225 바스 카스트. (2016).『지금 그 느낌이 답이다』. 장혜경 옮김. 갈매나무. 95쪽.

226 멜 로빈스. (2020).『5초의 법칙: 당신을 시작하게 만드는 빠른 결정의 힘』. 정미화 옮김. 한빛비즈. 175쪽.

227 전두엽 피질은 전두연합야fore-frontal lobe라고도 불린다. 권기헌. (2020).『코로나 이후의 삶』. 행복에너지. 23쪽.

228 마음은 변덕스러워 쉽게 변하고 표류하기 쉬운데, 화두에 집중하고 있으면 마음의 방황을 막아준다. 따라서 우리는 좋을 때나 싫을 때나, 기분이 언짢은 때에도 화두를 든다. 일이 있을 땐 일에 몰입하고, 일이 없을 때에는 화두로서 마음의 중심을 잡는다.

229 "오직 모를 뿐!"은 화두이다. 화두話頭란 말의 머리란 뜻인데, 늘 우리의 마음에 새기는 머리 글자이다. 오직 모를 뿐은 숭산스님의 화두이다. 숭산스님은 현대 한국 불교가 낳은 세계적인 큰 스승이다. 그는 일찍이 미국으로 넘어가 선불교를 개척했는데, 하버드, 예일 등 미국 유수대학 출

신의 뛰어난 제자들을 양성하는 한편, 미국과 유럽 전역에 선불교 센터(zen center)를 열고 선불교의 꽃을 피웠다.

230 최현미, "뉴스와 시각" 문화일보. 2018. 3. 14. 38면에서 인용.

231 최현미, "뉴스와 시각" 문화일보. 2018. 3. 14. 38면에서 인용.

232 현암 최정간, "서라벌의 매월당 다향을 따라", 서라벌신문, 2018. 5. 16.

233 의상조사는 화엄사상의 정수精髓인 법성게에 "일즉다一卽多, 다즉일多卽一"을 논했다. 공간적 차원에서 하나의 티끌 안에 모든 우주의 정보가 다 들어 있고一微塵中 含十方, 一切塵中 亦如是, 시간적 차원에서 한 찰나가 무량겁으로 이어지고 무량겁은 한 찰나 안에 다 들어 있다는一念卽是 無量劫, 無量遠劫 卽一念 화엄사상을 논했다. 이것을 심층마음의 종자들이 표층의식으로 표현되고, 표층의식의 현상이 다시 심층마음의 종자로 저장된다는 의미를 표현하고 있다.

234 라이언 홀리데이. (2020).『스틸니스』. 김보람 옮김. 흐름출판. 306-307쪽.

235 라이언 홀리데이. (2020).『스틸니스』. 김보람 옮김. 흐름출판. 302쪽.

236 라이언 홀리데이. (2020).『스틸니스』. 김보람 옮김. 흐름출판. 268쪽.

237 이때의 나를 순수한 참 나로 볼 수는 없지만, 하나의 방편으로 삼을 수는 있을 것이다. 엠아이 Who Am I 마음공부(청혜선원), "어느 학인과의 대화 도중 실제 견성(깨달음)."

238 지눌. (2018).『수심결: 마음닦는 요결』. 오광익 엮음. 동남풍.

239 이런 저런 한계점은 분명하다. 이를 현대사회의 구조적 틀과 압박이라고 표현할 수도 있겠다. 가령, "우리는 여전히 사회적 규범을 지켜야 하고, 법률적 책임은 물론 의전 절차도 지켜야 한다. 회사의 위계질서에 따라 아래 사람들은 지켜야 할 규칙들이 많이 있다." 가족과 친지관계에서도 전통과 관습을 따라야 한다. 그 관습은 때론 우리 상식과 맞지 않고 너무나도 옥죄어 오기도 한다. "이런 제약들에 대한 생각이 너무 많아지면 점점 부담만 커지고 숨이 막힐 것만 같은 것이다." 라이언 홀리데이. (2019).『돌파력』. 안종설 옮김. 심플라이프. 155쪽.

모두를 위한 직관과 창의성

1판 1쇄 인쇄 2021년 10월 22일
1판 1쇄 발행 2021년 10월 29일

지은이   권기헌
펴낸이   신동렬
책임편집   구남희
편집   현상철 · 신철호
외주디자인   심심거리프레스
마케팅   박정수 · 김지현

펴낸곳   성균관대학교 출판부
등록   1975년 5월 21일 제1975-9호
주소   03063 서울특별시 종로구 성균관로 25-2
전화   02)760-1253~4
팩스   02)760-7452
홈페이지   http://press.skku.edu/

ISBN 979-11-5550-494-9 93100